Münchner Voralpenland

ZWISCHEN STARNBERGER SEE UND ZUGSPITZE

50 MIKROABENTEUER

ZUM ENTDECKEN UND GENIESSEN

360° medien

IMPRESSUM

Münchner Voralpenland – zwischen Starnberger See und Zugspitze
50 MIKROABENTEUER ZUM ENTDECKEN UND GENIESSEN
Elke Homburg

Nachtigallenweg 1 | 40822 Mettmann
info@360grad-medien.de | 360grad-medien.de

Redaktion und Lektorat: 360° medien

Satz und Layout: Lucas Walter

Gedruckt und gebunden:
LUC GmbH | Hansaring 118 | 48268 Greven | luc-medienhaus.de

Bildnachweis: siehe Seite 256
Sicherheitshinweis: siehe Seite 256

ISBN: 978-3-96855-203-3
Hergestellt in Deutschland

360grad-medien.de

Elke Homburg

Münchner Voralpenland

50

MIKROABENTEUER

ZUM ENTDECKEN UND GENIESSEN

360° medien

Vorwort

Berggipfel, Barockkirchen, Biergärten – drei große „B" im Voralpenland zwischen München und den Alpen, die die Region zweifellos prägen. Sie stehen für dreifachen Genuss: Naturgenuss, Kulturgenuss und kulinarische Freuden. Alles gibt es hier im Überfluss. Und neben den Klassikern, die über die Grenzen des Freistaats bekannt sind – das Königsschloss Linderhof, die Zugspitze oder das mächtige Kloster Ettal beispielsweise – gibt es viel zu entdecken. Oft sind es gerade die versteckten kleinen Juwelen, die lange in Erinnerung bleiben, weil sich dort nicht die Massen drängen und man sich eins mit der Natur fühlen kann.

Ein buntes Potpourri an Vorschlägen für kleine Abenteuer erwartet Sie in diesem Freizeitführer, der fünf Regionen von ganz eigenem Charakter im Voralpenland vorstellt: das Fünfseenland, den Pfaffenwinkel mit dem Blauen Land, das Tölzer Land, das Werdenfelser Land rund um Garmisch-Partenkirchen und das Tegernseer Land. Allesamt Kulturlandschaften, die Mönche und Nonnen, Adel und Geldadel prägten.

Die Auswahl fiel nicht leicht, schließlich sollten alle auf ihre Kosten kommen. Die ausgewählten Ausflugsideen sind so vielfältig wie die Regionen. Bergwanderungen mit grandiosen Ausblicken sind dabei, aber auch Spaziergänge mit Badepausen zu versteckten Moorseen. Dazu Abstecher zu kulturellen Höhepunkten – Schlössern, Burgen, Museen oder Klöstern. Und neben barockem Überschwang in der Kirchenkunst gibt es auch moderne Kunstakzente und spannende Kulturtouren. So können Sie dem Pilgerweg zum Kloster Andechs folgen, wo neben Kirchenschätzen auch ein Biergarten mit deftigen Speisen und berühmten bayerischen Bieren lockt. Oder Sie wandeln auf den Spuren des Märchenkönigs Ludwig II., der unweit seines Sommerschlosses in Berg im Starnberger See ertrank. Auch Sisi können Sie begegnen, der so schönen wie scheuen Kaiserin von Österreich, die unbeschwerte Kindertage am See verbrachte.

Hier und da wird es auch sportlich. Neben Wanderungen finden sich Einladungen zu einer Bootspartie oder zum Stand-up-Paddling auf einem der zahlreichen Seen. Ganz sicher ist für jeden Ausflugstyp das ein oder andere spannende Mikroabenteuer dabei. Zu einem gelungenen Ausflug gehört natürlich auch immer eine schöne Einkehr. Neben traditionellen Wirtshäusern und Biergärten mit bayerischer Küche finden sich als Einkehrtipps trendige Cafés und Gasthäuser mit leichter, frischer Küche.

Ganz sicher ist: Das Voralpenland ist alles, nur nicht langweilig. Die hügeligen, von eiszeitlichen Gletschern geschliffenen Landschaften mit Seen, Wäldern und Mooren vor der Kulisse der Alpen bieten jedem Besucher – egal, ob er aus den bayerischen Metropolen oder aus anderen Regionen der Welt anreist – Entspannung für Leib und Seele.

Ich wünsche viel Spaß beim Lesen und Planen und natürlich unterwegs bei Ihren kleinen Abenteuern.

Elke Homburg

Inhaltsverzeichnis

Per Rad durch den Pfaffenwinkel

Hinweis: Aus Gründen der besseren Lesbarkeit wird auf eine geschlechtsneutrale Differenzierung verzichtet. Entsprechende Begriffe gelten im Sinne der Gleichbehandlung grundsätzlich für alle Geschlechter. Die verkürzte Sprachform beinhaltet keine Wertung.

Willkommen

IM VORALPENLAND

Streng genommen wäre das Voralpenland das Land vor den Bergen zwischen Allgäu und Berchtesgadener Land. Hier geht es um das Gebiet südlich von München, in dem sich die Münchner in ihrer Freizeit gern tummeln, die aber auch zahlreiche Urlauber Jahr für Jahr anzieht. Im Einzelnen geht es um die Regionen Starnberg-Ammersee bzw. Fünfseenland, Pfaffenwinkel, Zugspitzregion bzw. Werdenfelser Land, Tölzer Land und die Region Tegernsee-Schliersee. So unterschiedlich sie vom Charakter sind, jede für sich ist ein Stück Bilderbuchbayern.

Weßling im Starnberger Land

Südlich von München liegt das Fünfseenland. Wie der Name vermuten lässt, reihen sich hier die Seen nur so aneinander – neben den „Big Five" Starnberger See, Ammersee, Wörthsee, Pilsensee und Weßlinger See auch eine kleine Perle wie der Maisinger See. Der Starnberger See mit dem Beinamen „Fürstensee" ist zweifellos der Star, denn seine Ufer liebten schon Kaiserin Sisi und der Märchenkönig Ludwig II. Geschichten aus der Geschichte gibt es viele zu erzählen. Aber auch der Geldadel prägte den See mit feudalen Villen. Das Pilgerziel Kloster Andechs, bodenständige Bauerndörfer und spannende Museen zeigen andere Gesichter der Region.

Ist das Fünfseenland noch von der Nähe zu München geprägt – mit dem Pfaffenwinkel taucht man in eine ganz andere Welt ein. Geografisch ist er das Land zwischen Lech und Loisach, zwischen Benediktenwand und Auerberg, zwischen dem südlichen Starnberger See und dem Staffelsee. Der Name ist Programm: Klöster und Kirchen im Überfluss – eine echte Kulturlandschaft also. Große Klöster wie Polling, Rottenbuch, Wessobrunn oder Steingaden erschlossen das Bauernland, wurden Zentren für Kunst und Bildung. Eine der Kirchen im Pfaffenwinkel kennt jeder: Die Wallfahrtskirche „Zum gegeißelten Heiland auf der Wies" – besser bekannt als Wieskirche – ist UNESCO-Welterbe und ein Meisterwerk der bayerischen Rokokozauberer, der Gebrüder Zimmermann. Aber auch die Maler der Künstlergruppe „Blauer Reiter" fanden in dieser Landschaft Inspiration. Deren Werke kann man in Museen zwischen Murnau und Kochel am See erkunden oder auf Kunstspaziergängen durch ihre Wahlheimat. Und auch für Wanderer hat der Pfaffenwinkel mit Aussichtsbergen wie dem Hohen Peißenberg oder Moorlandschaften wie dem Murnauer Moss einiges zu bieten. Eine Seelenlandschaft für Pilger ist es sowieso.

Weltberühmte Wieskirche

Das Tölzer Land ist eine Region der großen Vielfalt. Im Herzen liegt Bad Tölz mit seinem schmucken Ortskern, ringsum abwechslungsreiche Landschaften. Vom Ostufer des Starnberger Sees über den Kochelsee erstreckt sich die Region bis zu den schönsten Aussichtsbergen im Voralpenland wie Herzogstand und Jochberg. Zu den Füßen der Berggipfel liegen türkisblaue Seen wie Kochel- und Walchensee oder der Sylvensteinsee bei Lenggries. Mittendrin das romantische Isartal, wo an der Floßrutsche Mühltal die Ära der Isarflößer lebendig wird. Eine feste Größe im Ausflugsprogramm, die zur Zeitreise nach anno dazumal einlädt: das Freilichtmuseum Glentleiten, ein Erlebnis für alle Generationen.

Schloss Linderhof

Werdenfelser Land nennt man die Region rund um den wichtigsten Ferienort der Region: Garmisch-Partenkirchen. Die Gemeinde am Fuße der Zugspitze ist Deutschlands Wintersportgebiet Nummer eins und im Sommer ein Lieblingsziel für Wanderer und andere Outdoor-Sportler. Sie versammelt zahlreiche Höhepunkte: Die Zugspitze, der höchste Gipfel Deutschlands, mit dem karibikgrünen Eibsee zu ihren Füßen, Schloss Linderhof, das Lieblingsschloss des Märchenkönigs, oder das bildhübsche Mittenwald kennt man weit über die Grenzen der Region hinaus. Mindestens genauso sehenswert sind die wunderbaren Bergseen vor der Kulisse des Karwendelgebirges, die romantische Ruine der Burg Werdenfels, die der Region den Namen gab, oder der Philosophenweg bei Farchant.

Im Herzen des Tegernseer Landes liegen mit Tegernsee und Schliersee gleich zwei einladende Badeseen, die auch vielfältige Wanderziele im Sommer und Wintersportparadiese im Winter sind. Die Mönche des Klosters Tegernsee prägten die Region und machten weite Teile im Mittelalter urbar. Nach der Säkularisierung entdeckte das Königshaus den Tegernsee, machte das aufgelassene Kloster Tegernsee zum Schloss und die Region zum Anziehungspunkt für Adelige und Künstler. Ihnen folgten Prominente und Geldadelige, die die Region Tegernsee als Standort für Erst- oder Zweitwohnsitze wählen. Trotz des „Promi-Faktors" und des Rufs als Gourmetregion hat das Land rund um Tegernsee und Schliersee nach wie vor bodenständige Seiten.

Blick auf den Tegernsee

Top 10

DER SEHENSWÜRDIGKEITEN IM VORALPENLAND

1

Zugspitze und Eibsee: Keine Frage: Die Zugspitze ist Top of Germany, mit 2962 Meter der höchste Berg des Landes. Für viele Besucher schon allein ein Grund, um nach oben zu schweben. Die Zugspitze bietet außerdem ein Spitzenklasse-Panorama mit 360-Grad-Rundumblick und ist relativ leicht zu erreichen. Für Bergwanderer ist die Besteigung eine Herausforderung, aber man kann sie auch bequem mit der Gondelbahn erschweben oder mit der nostalgischen Zugspitzbahn ab Grainau hinauffahren. Zu Füßen der Zugspitze geht es weiter mit dem nächsten Superlativ: Der Eibsee, der verführerisch in Karibikgrün schimmert, ist für viele der schönste See Bayerns. Man kann ihn auf einer Wanderung umrunden und die besten Fotospots suchen – einzigartig ist der Blick auf die Zugspitze, die sich im klaren Bergsee spiegelt. *zugspitze.de*

2

Höllentalklamm: Die Partnachklamm bei Garmisch-Partenkirchen ist eine feste Größe und viel besucht, weil einfach zu erreichen und relativ bequem zu erlaufen. Die Höllentalklamm bei Grainau erfordert mehr Anstrengung, denn zum Eingang muss man erstmal eine Stunde aufsteigen. Aber es lohnt sich! In der einen Kilometer langen Klamm zwangt man sich zwischen Felsen hindurch, spaziert über (bestens gesicherte) Bohlenwege und wird vermutlich nass. Die Wanderung durch die Höllentalklamm ist nämlich eine echte Spritztour. Eine halbe Stunde, die es in sich hat. Die Klamm ist ein Erlebnispark der Natur, der sich ins Gedächtnis gräbt. Am Ende der Klamm unbedingt bis zur Höllentalangerhütte weiterlaufen, wo Bergfexe vor der Besteigung der Zugspitze nächtigen. Für alle anderen ein aussichtsreicher Platz für die Einkehr. *hoellentalklamm-info.de*

3

Schloss Linderhof: Bayernkönig Ludwig II. war Schöngeist und Ästhet, Musikliebhaber, aber auch Technik-Freak. Ein König, an dem sich zu seinem Lebzeiten die Geister schieden. Rund 140 Jahre nach seinem Tod ist er in den Köpfen der Bayern aber immer noch lebendig, und in seinen Bauten setzte er sich ein Denkmal. Im stillen Graswangtal baute er sein persönliches Lieblingsschloss, das eher eine intime Villa ist. Das zweite Meisterstück ist der Schlosspark ringsum, in dem Ludwig lauter kleine Schätze versteckte – Anspielungen an die Opernwelt Richard Wagners, aber auch orientalische Bauwerke, die er auf Weltausstellungen zusammenkaufte. Eine wundersame königliche Welt, für die man reichlich Zeit einplanen sollte. *schlosslinderhof.de*

4 **Jochberg:** Der Jochberg gehört zu den Hausbergen der Münchner, außerhalb Bayern ist er vermutlich unbekannt. Er gehört auch nicht zu den höchsten Gipfeln im Land und seine Besteigung erfordert keine Bergsteigerausrüstung, sondern nur eine solide Kondition und ein bisschen Trittsicherheit. Die Aussicht, die Wanderer oben erwartet, ist aber Weltklasse. Der Kochelsee und sein Bruder, der Walchensee, liegen den Gipfelstürmern zu Füßen. Unzählige weitere Gipfel bilden eine prächtige Kulisse und bei klarer Sicht blickt man bis nach München. Ein traumhafter Aussichtsberg also. Kein Geheimtipp, aber weil keine Gondel hinaufschwebt, gehört er den Wanderern.

5 **Kloster Benediktbeuern:** Klöster gibt es in Oberbayern wahrlich genug. Viele wurden schon früh von Benediktinern gegründet und einige wie Kloster Benediktbeuern, das sich vor der Kulisse der mächtigen Benediktenwand erhebt, wurden reich und mächtig. Doch die Säkularisation 1803 machte auch vor den größten Klöstern nicht Halt. Die Mönche mussten ausziehen. Heute steht hier die Jugendbildung im Fokus. Drumherum kann man viel sehen und erleben. Es gibt gleich zwei Klostergärten, nette Cafés und einen baye-

rischen Biergarten. Wer gern zu Fuß unterwegs ist, kann das nahe Loisach-Kochelsee-Moor erwandern – auf einem Erlebnispfad, der mit allen Sinnen in die Welt der Moore entführt. *kloster-benediktbeuern.de*

6

Bauernhofmuseum Glentleiten: Ein Ausflug in die gute alte Zeit ist ein Besuch im Bauernhofmuseum Glentleiten. Ein lebendiges Museen, das nicht nur bei Familien mit Kindern ein Favorit ist. Liebevoll werden die Bauernhäuser an ihren Originalstandorten abgebaut, in Glentleiten wieder aufgebaut und mit dem gesamten Innenleben präsentiert. So kann man mit allen Sinnen auf Zeitreise gehen. Das Wunderbare: Glentleiten wächst und wächst. Ständig gibt es Neuanschaffungen, die neue Akzente setzen. Rings um die Häuser erfreuen im Sommer Bauerngärten das Auge, auf Wiesen weiden traditionelle Tierrassen. Vor allem an Wochenenden kann man sich in Handwerksbetrieben auf Vorführungen alter Techniken freuen und im Biergarten oder Kramerladen kann man sich natürlich auch stärken. *glentleiten.de*

7 **Wieskirche:** Barock und Rokoko passen zu Bayern wie kein anderer Kunststil. Kein Wunder, dass man die neue Mode der Kunst im 18. Jahrhundert fast sämtlichen Gotteshäusern überstülpte. Am größten ist die Dichte der Klöster und Kirchen, die von barockem Überschwang zeugen, im Pfaffenwinkel. Aus der Region kommen auch einige der besten Architekten, Freskenmaler, Stuckateure und Vergolder der damaligen Zeit – allen voran die Gebrüder Zimmermann, die grandiose Werke hinterließen. Ihr Meisterstück aber ist zweifellos die Wieskirche. In der Wallfahrtskirche, die auch heute noch hinter einer Kuhwiese aufragt, übertrafen sich die Brüder selbst. Am besten nähert man sich dem Welterbe im Wanderschritt. *wieskirche.de*

8 **Das Blaue Land bei Murnau:** Das Blaue Land ist ein Kunstname, der sich ableitet von einer Malergruppe, die die Kunstwelt vor dem ersten Weltkrieg gehörig aufmischte. Zum „Blauen Reiter" gehörten Expressionisten wie Gabriele Münter, Wassily Kandinsky, Franz Marc, Alexej von Jawlensky und Marianne von Werefkin, die das Land vor den Bergen für sich entdeckten und in Murnau, Kochel oder Sindelsdorf farbstarke Werke schufen. Gleich mehrere Museen stellen Werke des „Blauen Reiters" vor und Kunstspaziergänge führen zu den Plätzen zwischen Bergen und Seen, die die Malergruppe inspirierten. *dasblaueland.de*

9

Starnberger See: Die abtauenden Gletscher der Eiszeit hinterließen unzählige Seen zwischen München und den Alpen. Der größte südlich von München ist der Starnberger See, der auch gekrönte Häupter in seinen Bann zog. In Possenhofen beispielsweise verbrachte Sisi als Kind im elterlichen Schloss den Sommer, später kehrte sie als Kaiserin Elisabeth zurück und traf auf der Roseninsel ihren Großcousin Ludwig II., einen Seelenverwandten. Der Bayernkönig ertrank unter nie geklärten Umständen auf der gegenüberliegenden Seite des Sees, unweit von Schloss Berg. Doch neben Geschichten aus der Geschichte gibt es natürlich auch wunderbare Gasthöfe und herrliche Strandbäder, um den See nach Lust und Laune zu genießen. Prächtig ist der Blick vom Ufer auf die Alpengipfel an klaren Tagen – fast zu schön, um wahr zu sein. *bayregio-starnberger-see.de*

10

Tegernsee: Ein Lieblingssee der Münchner ist zweifellos auch der Tegernsee – beliebter Wohnort für Besserverdiener, aber auch herrliches Wanderrevier und Ausflugsziel für jedermann. Unzählige Wandertouren locken ringsum und kaum irgendwo anders kann man Berge und See auf einem Ausflug so wunderbar kombinieren. Das Tegernseer Brauhaus – einst Kloster, später königliches Sommerschloss – mit seinem Bräustüberl ist ein Lieblingsziel für Ausflügler wie für Urlauber. Und dann vielleicht eine Bootsfahrt unternehmen oder einfach auf der Uferpromenade flanieren. Es gibt viel zu sehen und zu entdecken. *tegernsee.com*

Kurioses und Überraschendes

AUS MÜNCHEN

Märchenkönig als Technik-Freak

Die Bayern lieben ihren „Kini", Ludwig II. Er ist bekannt als Schlösserbauer und als leicht verschrobener Märchenprinz. Dabei hätte der König, der unter nie geklärten Umständen im Starnberger See ertrank, den Bayern-Slogan „Mit Laptop und Lederhose" erfinden können. Er war nicht nur Romantiker, sondern auch Technik-Freak, interessiert an technischen Neuerungen von Bautechnik bis Hygiene. Die entscheidenden Bauprojekte seiner Regierungszeit dienten dem Volk: Fabriken, Arbeitersiedlungen und Waisenhäuser, Krankenhäuser und ein fortschrittliches Kanalisationssystem für die Residenzstadt. Ein paar technische Spielereien gönnte er sich außerdem. In der Venusgrotte im Schlosspark von Linderhof ließ sich Ludwig in einem elektrisch betriebenen Muschelkahn über den See fahren. Den Strom lieferten zwölf Dynamos im Maschinenhaus ganz in der Nähe, einem der ersten bayerischen Elektrizitätswerke.

Die Wahrheit über den Leberkäse

Im Voralpenland als Fastfood deutlich beliebter als Currywurst und Döner ist die Leberkäs-Semmel. Urlauber trauen sich oft nicht so recht heran, weil sie vermuten, dass Leberkäse aus Leber besteht. Dabei ist Leber in der Masse nicht enthalten, die Bezeichnung leitet sich vom Wortstamm Lab für Laib, Körper ab. Der Erfinder des Leberkäs ist ein Fleischer, den Kurfürst Karl Theodor vor

200 Jahren nach Bayern brachte. Er kombinierte das Brät von fein gehacktem Schweine- mit Rindfleisch und buk es in einer Brotform.

Ein Himmel voller (Gourmet)-Sterne

Der See mit den meisten Michelin-Empfehlungen Deutschlands liegt im Voralpenland. Rund um den Tegernsee haben Gourmets die Qual der Wahl zwischen mehreren Genusstempeln, die vom Gourmetführer lobend erwähnt wurden, darunter einige mit Stern. Der bekannteste Name unter den Starköchen vom Tegernsee ist Christian Jürgens, der im Restaurant Überfahrt drei Sterne erkochte.

Das erste UNESCO-Welterbe Oberbayerns

Die Region Pfaffenwinkel erhielt ihren Namen nicht von ungefähr: Hier drängen sich 160 Kirchen und Klöster in einer wahren Seelenlandschaft. Die berühmteste der Kirchen ist sicher die Wieskirche, die bis heute wichtiges Ziel für Wallfahrer ist, aber auch einzigartiger Kunstschatz, den die begnadeten Gebrüder Zimmermann wesentlich prägten. Sie schufen ein heiteres, lebensfrohes Gesamtkunstwerk des Rokoko, und bis 2025 war die „Wies" das einzige UNESCO-Weltkulturerbe Oberbayerns.

Eine bayerische Erfindung: das Pils

Viele Bierliebhaber schätzen vor allem ein gepflegtes Pils – nur nicht in Bayern: Dort liebt man süffige Lagerbiere mit geringerem Hopfenanteil, die man als „Helles" bezeichnet. Dabei erfand ein bayerischer Brauer das Pils. Die Böhmen beauftragten im 19. Jahrhundert den Braumeister Josef Groll, ein gutes Bier zu brauen, denn das eigene erfreute sich nur geringer Beliebtheit. Der Bayer erfand das typisch herbe Pilsener Bier mit starker Hopfennote, das seinen Siegeszug rund um die Welt antrat.

SCHWEDEN
DÄNEMARK
Ostsee
Nordsee
Kiel
SCHLESWIG-HOLSTEIN
MECKLENBURG-VORPOMMERN
HAMBURG
Schwerin
BREMEN
BRANDENBURG
POLEN
NIEDERSACHSEN
BERLIN
Hannover
Potsdam
Magdeburg
NORDRHEIN-WESTFALEN
SACHSEN-ANHALT
Düsseldorf
SACHSEN
Dresden
Erfurt
THÜRINGEN
HESSEN
RHEINLAND-PFALZ
Wiesbaden
Mainz
TSCHECHIEN
SAARLAND
BAYERN
Stuttgart
FRANKREICH
BADEN-WÜRTTEMBERG
München
ÖSTERREICH
SCHWEIZ

München
Markt Schwa
Olching
Fürstenfeldbruck
Schwabmünchen
München
Germering
Vaterste
Unterhaching
Ottobrunn
Buchloe
Landsberg am Lech
Starnberg
Bruckn
Weilheim in Oberbayern
Geretsried
Schongau
Miesb
Bad Tölz
Schliersee
Murnau A. Staffelsee
Garmisch-Partenkirchen
Mittenwald
Kramsach
Jenbach
Telfs
Schwaz
Hall in Tirol
Zirl
Innsbruck
Imst
Haiming
Mayrhc
Umhausen
Neustift im Stubaital
E52
2
17
E54
96
304
E45
8
E52
95
E533
318
13
307
11
23
B181
E533
E532
B179
B177
A12
E60
E45
L13

Fünfseenland
Weßlinger Weiher

Fünfseenland

1. Auf Sisis Spuren: kaiserliche Runde am Starnberger See
2. Votivkapelle in Berg: mysteriöser Tod des Königs
3. Weßlinger See: Seespaziergang mit Badepause und Einkehr
4. Maisinger Schlucht: Wanderung zum Maisinger See
5. Kloster Andechs: Barock, Bier und Brotzeit
6. Maria Dank: Kapelle der Dankbarkeit
7. St. Heinrich am Starnberger See: Stand-up-Paddling für alle
8. Museum der Phantasie: Anreise per Schiff

Gilching
96
Planegg
Krailling
Kreuzlinger
Forst
Etterschlag
3
Forst
Kasten
Frohnloh
Inning A.
Ammersee
Weßling
Flughafen
Oberpfaffenhofen
Wörthsee
Unterbrunn
Gauting
Forstenrieder
Park
Hochstadt
Hausen
Oberbrunner
Holz
Oberalting
Leutstetten
952
4
Starnberg
Herrsching A.
Ammersee
Neufahrn
mersee
5
2
Andechs
Pöcking
1
Berg
Aschering
Icking
Feldafing
Schlederloh
95
11
E533
2
Pähl
Tutzing
Ammerland
Münsing
Starnberger See
6
Diemendorf
11
8
Bernried am
Starnberger See
Bauerbach
Eurasburg
Nußberg
Seeseiten
7
Schaberer
Seeshaupt
Wammetsberg
Sterz
Boschhof

1 Auf Sisis Spuren

KAISERLICHE RUNDE AM STARNBERGER SEE

In Possenhofen am Westufer des Starnberger Sees verbrachte Sisi, die spätere Elisabeth von Österreich, als Mädchen ihre Sommerfrische. Als Kaiserin kehrte Sisi häufig an den Lieblingsort ihrer Kindheit zurück, um dem Wiener Hofzeremoniell für ein paar Wochen zu entfliehen. Auf einer kleinen Wanderung gehen Sisi-Fans auf Spurensuche zwischen Sisi-Museum und Kaiserin Elisabeth Hotel.

Vor dem Bahnhof Possenhofen begrüßt eine bronzene Sisi die Besucher, die im Kaiserin-Elisabeth-Museum in das Leben einer der Glamourgestalten des 19. Jahrhunderts eintauchen wollen. Ab 1869 traf am Bahnhof mehr als zwei Jahrzehnte lang jeden Sommer der Sonderzug nach Feldafing mit Kaiserin und Gefolge ein. Sisi und Familie nutzten für An- und Abreise den Prunkwartesalon im Bahnhof, geschmückt mit Seidentapeten und üppigem Stuck. Hier erinnert heute eine liebevoll zusammengestellte Sammlung an das Leben einer Prinzessin, die viel zu jung in eine Ehe und eine Position rutschte, die viele Pflichten, aber wenig Freuden mit sich brachte. Ausgewählte Exponate illustrieren Sisis Leben von der Jugend bis zum jähen Ende am Genfer See.

Strandbad Feldafing

Ein Pfad führt vom Museum zum Starnberger See, wo sich Schloss Possenhofen – das Sommerschloss von Sisis Familie – hinter einer Hecke versteckt. Das Schloss ist in Privatbesitz, aber der einstige Schlosspark ist zugänglich. Als „Paradies", Erholungsgebiet der Stadt München am Starnberger See, ist er heute ein Badeparadies.

Auf dem Weg am Ufer entlang liegt auch das Strandbad Feldafing. Hier genoss schon Sisi Auszeiten für Körper und Seele. Das nostalgische Bad mit seinen hölzernen Umkleidekabinen und Badestegen gehörte im späten 19. Jahrhundert zum Hotel Strauch, in dem Sisi während ihrer Sommerferien logierte. Heute steht das Strandbad unter Denkmalschutz. Es besitzt zwar nicht mehr die Originalausstattung aus Sisis Zeit, aber auch der Badecharme aus dem Jahr 1927 macht es zu einem Juwel.

Eitel war Sisi zweifellos. Ab ihrem 30. Geburtstag ließ sie sich nicht mehr fotografieren. Dabei war sie rank und schlank, wog – obwohl hochgewachsen – nie mehr als 50 Kilogramm. Hungerkuren gehörten zu ihrem Leben genau wie ein straffes Fitnessprogramm: eine Meisterin der Selbstoptimierung und eine Stilikone des 19. Jahrhunderts. Ihr Ende war tragisch, sie starb am Genfer See durch die Kugel eines Anarchisten. Gramgebeugt war sie zu diesem Zeitpunkt längst. Die Ehe war ein Arrangement, die Lieblingstochter verstarb früh – genauso wie ihr Seelenfreund Ludwig II., der Bayernkönig. Der Sohn nahm sich das Leben. Danach trug die traurige Kaiserin nur noch Schwarz, die Farbe der Trauer.

Casino auf der Roseninsel

Nächste Sisi-Station am See ist die Roseninsel, die einzige Insel im Starnberger See. König Maximilian II. kaufte sie 1850 als Rückzugsort für die königliche Familie und ließ eine Villa im Pompejanischen Stil darauf bauen, Casino genannt. Sie war nicht auf Übernachtungen eingestellt, eher ein überdachter Picknickplatz. Vom Esszimmer im ersten Stock, das man auf einer Führung besichtigen kann, blickt man – dank geschickter Blickachsen – über den See bis zu den Bergen. Den Garten mit Rosarium gestaltete der berühmteste Gartenarchitekt der Zeit, Peter Joseph Lenné. Hunderte von Duftrosen gaben der Insel ihren heutigen Namen. Hier traf Maximilians Sohn Ludwig II. ausgewählte Gäste wie Richard Wagner und seine Großcousine Sisi, seine Seelenverwandte.

Nach dem Tod Ludwigs verlor das Königshaus das Interesse an der Insel. Casino und Rosengarten verfielen. Erst Ende des 20. Jahrhunderts blühte die verwahrloste Roseninsel auch im Wortsinn langsam wieder auf. Heute ist sie begehrte Filiale des

Standesamtes Feldafing. Den Transfer für Besucher übernehmen zwei Bootsführer mit hölzernen Booten, die man mit einer Glocke herbeirufen kann.

Der Wanderweg verlässt nun das Seeufer und führt am Golfplatz vorbei zum ehemaligen Hotel Strauch in Feldafing. 24 Sommer lang suchte Elisabeth dort in vertrauter Umgebung am Starnberger See Ruhe und Entspannung. Heute schmückt sich das Hotel als Golfhotel Kaiserin Elisabeth mit dem Namen des berühmtesten Gastes und zehrt noch immer von der kaiserlichen Vergangenheit.

Auf der Terrasse kann man bei Kaffee und Kaiserin-Elisabeth-Eistorte – hoffentlich wieder ab 2027 – den Blick zum Starnberger See genießen. Bis dahin wird nämlich fleißig restauriert. Ihre Majestät thront – zu Stein erstarrt – im hintersten Winkel des Hotelgartens und blickt streng und weltentrückt. Durch die romantische Wolfsschlucht geht es zurück nach Possenhofen.

Info

Lage: Pöcking liegt an der Westseite des Starnberger Sees, etwa sechs Kilometer südwestlich vom Ort Starnberg.

Aktivitäten:

- Museum Kaiserin Elisabeth: Das Museum ist Ausgangs- und Zielpunkt der Wanderung; Bahnhof Possenhofen, Schlossberg 2, 82343 Pöcking, *kaiserin-elisabeth-museum-ev.de*
- Casino auf der Roseninsel Fährbetrieb nur im Sommer, *roseninsel.bayern*

Einkehr:

- Gastwirtschaft im Strandbad Feldafing: Königinstraße 4, 82340 Feldafing, *strandbad-feldafing.de*
- Golfhotel Kaiserin Elisabeth: Tutzinger Straße 2, 82340 Feldafing, *kaiserin-elisabeth.de*

2 Votivkapelle in Berg

MYSTERIÖSER TOD DES KÖNIGS

Schloss Berg am Starnberger See bringen viele ausschließlich mit dem Tod des Märchenkönigs in Verbindung. Tatsächlich entstand es bereits 1640 als Schlösschen im Stil einer italienischen Villa, das man später mit einem Garten im englischen Stil umgab. Erst als 1830 Ludwig I. das Schloss übernahm, wurde es wieder ein Ort gesellschaftlichen Lebens. Unter seinem Nachfolger Maximilian II. erhielt es vier Türme, der Park wurde vergrößert und ein kleiner Hafen am Ufer angelegt. Dessen Sohn, Ludwig II., machte Schloss Berg zu seiner Sommerresidenz. Über viele Jahre hinweg verlegte er seinen Wohnsitz von Mitte Mai bis Ende Oktober an den Starnberger See. Damit er seinen Regierungsgeschäften nachgehen konnte, ließ er sogar eine Telegrafenleitung verlegen. Ludwig ahnte sicher nicht, dass er hier auch seine düstersten Stunden verbringen sollte.

Ludwig II., der Märchenkönig und Schlösserbauer, war eine tragische Gestalt. Sein Leben fand am Ufer des Starnberger Sees, unweit von Schloss Berg, ein jähes Ende. Zur Votivkapelle, die an Ludwigs Tod erinnert, führt ein Spazierweg.

Am 12. Juni 1886 hatte man den König in Schloss Neuschwanstein mit seiner Entmündigung konfrontiert und seine Überführung nach Schloss Berg beschlossen. Dort traf er am Abend ein. Am nächsten Tag begab er sich mit dem Arzt Dr. Gudden auf einen Spaziergang, von dem

Schloss Berg

beide Männer nicht zurückkehren sollten. Abends wurden die Leichen von Arzt und Patient im seichten Wasser am Ufer gefunden.

Die Umstände, unter denen Ludwig II., der als guter Schwimmer bekannt war, am 13. Juni 1886 im knietiefen Wasser des Starnberger Sees ertrank, wurden nie geklärt. War es Mord, Selbstmord, ein Unglücksfall? Bis heute kursieren Gerüchte. An den Ort des Todes erinnert ein schlichtes Holzkreuz im Wasser, wenige Meter vom Ufer entfernt. Oberhalb davon liegt im Schlosspark von Schloss Berg eine Votivkapelle, für die Prinzregent Luitpold am zehnten Todestag des Königs 1896 den Grundstein legte. Vier Jahre später wurde die Kirche im neuromanischen Stil eingeweiht. Gerade weil der Tod des Königs bis heute Rätsel aufgibt, wurde Ludwig zum Mythos. Alljährlich versammeln sich hier Ludwig-Verehrer am 13. Juni, dem Todestag des Königs, zu einer Gedenkmesse.

Kreuz zum Gedenken an den Kini

Nach einem Blick in die Kirche kann man den Spaziergang verlängern – dem Weg folgend, den Ludwig wohl am Abend seines Todes nahm. Schloss Berg, das für die Öffentlichkeit nicht zugänglich ist und, seiner Türme beraubt, auch kaum noch als Schloss zu erkennen ist, umläuft man großräumig. Der Spazierweg führt rechts am Schlosspark vorbei. Danach hält man sich wieder in Richtung See und spaziert am Bootsanleger vorbei zum Strandhotel Berg an der Seestraße. Dort kann man auf der Seeterrasse einkehren und dem Leben auf dem See zuschauen, bevor man sich auf den Rückweg zum Parkplatz macht. Wer mit dem Linienschiff ab Starnberg angereist ist, wartet am Bootsanleger auf das Schiff zurück zum Ausgangspunkt.

Votivkapelle

Noch heute findet in der Votivkapelle alljährlich ein Gedenkgottesdienst statt.

Info

Lage: Berg liegt am Ostufer des Starnberger Sees, sechs Kilometer von Starnberg entfernt.

Aktivitäten:

- Linienschiff ab Starnberg: *seenschifffahrt.de/de/starnberger-see*
- Schloss Berg: Das Schloss in Privatbesitz ist nicht öffentlich zugänglich.
- Votivkapelle: in den Wintermonaten geschlossen; *fuenfseenland.de/sehenswuerdigkeiten/votivkapelle*

Museum:

- Strandhotel Berg: Seestraße 17, 82335 Berg, *strandhotel-berg.de*

3 Weßlinger See

SEESPAZIERGANG MIT BADEPAUSE UND EINKEHR

Klein, aber fein: Mit gerade mal 18 Hektar Fläche ist der Weßlinger See der kleinste unter den Seen im Fünfseenland. So kann man ihn in einer knappen Stunde umrunden. Auch zum Baden im Sommer und im Winter zum Schlittschuhlaufen ist er ein wunderbares Ausflugsziel.

Mögen auch manche den Weßlinger See als „Badewanne" bezeichnen, er hat jede Menge Charme und ist bequem mit der S-Bahn von München aus erreichbar. Weil er klein ist, erwärmt er sich schnell, und auch Probleme mit der Wasserqualität gehören der Vergangenheit an. Da er weder Zu- noch Abfluss hat, war der See Ende der 1960er-Jahr vom Umkippen bedroht. Rettung brachte eine sprudelnde Fontäne, die für Tiefwasserbelüftung sorgte und wieder gute Wasserqualität gewährleistete.

Wer den See umrundet, kommt an einem Café direkt am Ufer vorbei sowie an einigen Badestellen. Verschlossen ist das Tor der Villa „Alzheimer", die man nach der Hälfte der Strecke passiert. Dort wohnte einst der Arzt Alois Alzheimer, der die nach ihm benannte Krankheit entdeckte und erforschte.

Ein bisschen neidisch mag man auf die Bootshäuser blicken, auf deren Stegen sich im Sommer die Besitzer sonnen. Sie sind alle in Privatbesitz. Aber glücklicherweise gibt es auch Liegewiesen fürs Badevergnügen. Kurz vor dem Ende der Runde um den See erreicht man einen öffentlichen Badesteg mit Liegewiese und dem wunderbaren Wasserberghaeusl, einem Kiosk direkt am Wasser. Dort kann man nach ein paar Runden im See nicht nur köstlich speisen, sondern auch traumhafte Sonnenuntergänge genießen. Und im Winter treffen sich hier die Eisstockschießer.

Die Bootshäuser sind seit Jahrzehnten in Privatbesitz.

Info

Lage: Der Weßlinger See liegt etwa 15 Kilometer nordwestlich vom Starnberger See und ca. 40 Kilometer westlich von München.

Aktivitäten:

- Café am See: Hauptstraße 59, 82234 Weßling, *cafe-aenishaenslin.de*
- Wasserberghaeusl: Obere Seefeldstraße 20, 82234 Weßling, *wasserberghaeusl.de*

4 Maisinger Schlucht

WANDERUNG ZUM MAISINGER SEE

Keine nennenswerte Steigung, bequeme Wald- und Feldwege, eine schattige Schlucht und am Ziel ein Badesee. Klingt das nach einer perfekten Sommerwanderung? Die Tour durch die Maisinger Schlucht zum gleichnamigen See macht aber auch im Herbst Spaß, wenn man in der Schlucht wunderbar durchs Laub rascheln kann. Bei Minusgraden friert der flache See schnell zu und lockt Eisläufer an.

Wunderbare Herbststimmung

Vom S-Bahnhof Starnberg geht es quer durch den Ort in Richtung Possenhofen bis zum Abzweig nach Söcking. Dem folgt man nach rechts, bis nach ein paar Minuten links die Maisinger-Schlucht-Straße abbiegt. Vom dortigen Parkplatz aus ist der Wanderweg durch die Schlucht ausgeschildert.

Schnell tauchen Wanderer in eine kleine Naturidylle ein. Schmelzwassermassen schufen die Schlucht, durch die sich der Maisinger Bach seinen Weg Richtung Starnberger See bahnt, am Ende der letzten Eiszeit, als sich die Gletscher aus dem Alpenvorland zurückzogen. Der Bach plätschert gemächlich vor sich hin und ein Mischwald mit Buchen, Eschen und Schwarzerlen spendet an heißen Tagen Schatten.

Am Ende der Schlucht hält man sich im Ort Maising links. Hinter dem Gasthaus Georg Ludwig mit seinem schattigen Wirtsgarten nimmt man wiederum den Abzweig nach links. Auf einem schmalen Pfad geht es dann vorbei an Pferdekoppeln, bis das Gasthaus Maisinger Seehaus direkt am See in Sicht kommt. Jetzt nur noch ein paar Stufen hinauf zum Damm, auf dem Biergartentische stehen. Das Essen holt man im Gasthof und genießt es hier oben mit Seeblick. Wenn das Gasthaus saisonbedingt geschlossen ist, kann man die Brotzeit auf einer der Bänke am Ufer auspacken und den Blick auf den Moorsee genießen.

Der Maisinger See gehört mit einer Fläche von 122 Hektar zu den kleinsten Seen im Seenland südlich von München. Der Schilfgürtel, der sich fast ganz ringsum zieht, bietet geschützte Brutplätze für Vögel: Wildgänse, Enten und Möwen lassen sich fast immer beobachten. Ein kleines Paradies für Vögelbeobachter.

Ein nostalgischer Sprungturm markiert den Badeplatz. Nur hier ist Schwimmen erlaubt, damit Badegäste und Vögel sich nicht in die Quere kommen. Wunderbar schwimmt es sich im weichen Moorwasser, das sich im Frühsommer schnell erwärmt. Die Liegewiese ist groß und ideal für Ballspiele, liegt allerdings hinter dem Gasthaus, nicht direkt am See. Wenn es zu frisch zum Schwimmen ist, kann man nach Lust und Laune noch eine Runde um den See spazieren.

Zurück nach Starnberg kann man den gleichen Weg nehmen, langweilig wird das nicht. Es gibt aber auch eine Alternative mit Ausblick, die an klaren Tagen lohnt. Ab dem Gasthof Georg Ludwig spaziert man dafür entlang der Ortsstraße zur Kirche, biegt an der Kreuzung nach rechts in die Söckinger Straße ein und lässt Maising hinter sich. Am nächsten Abzweig folgt man dem Wegweiser Starnberg/Söcking. Auf einem Wirtschafts- und Wanderweg läuft man nun oberhalb der Maisinger Schlucht. Nach rund 1,5 Kilometern kommt ein Hügel mit Baumgruppe in Sicht. Am besten schnurstracks

Sprungturm im See

darauf zusteuern und hoffen, dass die Bank darunter frei ist. Der Bergblick ist nämlich herrlich! Weiter geht es nach links, bis man wieder auf den Schluchtweg stößt, der zurück zum Ausgangspunkt führt.

In der Maisinger Schlucht

Info

Lage: Die Maisinger Schlucht liegt etwa fünf Kilometer von Starnberg. Ausgangspunkt der Wanderung: S-Bahnhof Starnberg, Bahnhofplatz 1, 82319 Starnberg

Aktivitäten:

- Wanderung: zwölf Kilometer, 106 Höhenmeter, 2,5 Stunden. Gemütliche Allwetterwanderung auf bequemen Wanderwegen ohne nennenswerte Steigungen; als Streckenwanderung oder Rundweg machbar

Einkehr:

- Maisinger Seehof am See: nur im Sommer geöffnet, Seestraße 14, 82343 Pöcking-Maising, *maisingerseehof.de*
- Gasthof Georg Ludwig: Ortsstraße 16, 82343 Pöcking-Maising, *gasthaus-georg-ludwig.de*

5 Kloster Andechs

BAROCK, BIER UND BROTZEIT

Kloster Andechs ist ein Wallfahrtsort wie aus dem Bilderbuch – bayerisch barock sind Kirche und Kloster, süffig ist das Bier der Klosterbrauerei, das man in Biergarten oder Bräustüberl genießen kann. Kein Wunder, dass nicht nur die Pilger strömen, sondern auch Wanderer mit Hunger und Durst.

Hoch oben steht das Kloster.

Seit 1455 beten und arbeiten Benediktinermönche im Kloster auf dem „Heiligen Berg" von Andechs. Sie betreuen die älteste Wallfahrt Bayerns, die seit dem 12. Jahrhundert belegt ist, sowie die umliegenden Pfarreien. Außerdem leiten sie die klösterlichen Wirtschaftsbetriebe, deren Herz die Klosterbrauerei ist. Nicht zuletzt, weil die Mönche gute Geschäftsleute und tüchtige Brauer sind, entwickelte sich die Wallfahrt nach Andechs zum Publikumserfolg. Eine gemütliche Wanderung durchs Kienbachtal ist der perfekte Auftakt zur Einkehr im Klosterbräustüberl auf dem Heiligen Berg.

Vom S-Bahnhof Herrsching geht es auf der Kienbachstraße in Richtung Osten. Wenn diese endet, wechselt man auf die andere Seite des Kienbachs und läuft weiter bis zur Mühlfelder Straße. Dort zunächst links halten und dann rechts in die Andechsstraße einbiegen, am Gasthof zur Post vorbei. Unterhalb der Kirche St. Martin nun rechts in die Schönbichlstraße einbiegen, dann halb links auf der Leitenhöhe weiter. Hat man die letzten Häuser von Herrsching passiert, geht es über eine Wiese, ein Stück durch den Wald und über eine Lichtung, bis man auf dem nach links abzweigenden Weg erneut in den Wald eintaucht.

Durch die Bäume sieht man den Ammersee hervorblitzen, während man langsam an Höhe gewinnt. Dann taucht die Wallfahrtskirche von Kloster Andechs erstmals im Blickfeld auf. Das Kiental ist aber noch zu überwinden. Über den Hörndlweg geht es in den Ort Andechs und dort links ab in den Wartaweiler Weg. An dessen Ende geht es über Stufen ins Kiental hinab. Unten angekommen

Im Skulpturenpark

überquert man eine Brücke, bevor es auf Stufen aufwärts geht. Der Gipfel des Heiligen Bergs mit der Wallfahrtskirche ist nun schnell erreicht.

Ein heller Kirchenraum empfängt die Besucher, dessen unterer Bereich öffentliche Wallfahrtskirche ist, der obere Klosterkirche. Maßgeblichen Anteil an der Raumgestaltung hatte Johann Baptist Zimmermann, der sie Mitte des 18. Jahrhunderts in einen beschwingten Rokokoraum verwandelte. Sein Bildprogramm präsentiert den Heiligen Berg als Ort der Heilung und des Heils.

Zu Beginn der Andechser Wallfahrtsgeschichte war ein Reliquienschatz, der heute in der Heiligen Kapelle ausgestellt ist, Ziel der Pilger. Seit dem 17. Jahrhundert strömen diese vor allem, um das gotische Gnadenbild der Muttergottes am unteren Hochaltar zu bewundern. Das Gewölbefresko zeigt, wie Kranke Heilung durch die thronende Muttergottes von Andechs erfahren.

Nun warten die profanen Freuden. Ob im Bräustüberl oder im Biergarten – es herrscht fast immer Hochbetrieb, aber auch ein Kommen und Gehen, sodass man letztendlich immer einen Tisch ergattert. Auf der Karte stehen bayerische Wirtshausklassiker von Schweinshaxe bis Leberkäs, aber auch vegetarische Alternativen. Und zu allen Speisen gehört natürlich ein Bier aus der Klosterbrauerei.

Obstwiese am Kloster

Info

Lage: Das Kloster Andechs liegt südöstlich am Ammersee; Bergstraße 2, 82346 Andechs, *andechs.de*. Ausgangspunkt der Wanderung: S-Bahnhof Herrsching Neuhauserweg 18, 82211 Herrsching am Ammersee

Aktivitäten:

- Wanderung: 8,8 Kilometer, 330 Höhenmeter, 2,5 Stunden. Schattige Wanderung mit sanfter Steigung durchs Kiental. Wegen der Stufen im letzten Stück nicht für Kinderwagen geeignet.

Einkehr:

- Andechser Bräustüberl: Bergstraße 2, 82346 Andechs, *andechs.de/gastronomie/braeustueberl*

6 Maria Dank

KAPELLE DER DANKBARKEIT

Aussichtsberge gibt es in Bayern reichlich – nicht nur in den Alpen. Ein grüner Hügel mit Weitblick ist der Fürst-Tegernberg (719 Meter) bei Münsing, rund drei Kilometer vom Ostufer des Starnberger Sees entfernt, mit einer bemerkenswerten Kapelle.

Alt und ehrwürdig ist die Maria-Dank-Kapelle bei Degerndorf nicht, sie stammt aus den Jahren nach dem Zweiten Weltkrieg und erinnert an eine Geschichte der Nächstenliebe jenseits des Freund-Feind-Denkens. Im Zweiten Weltkrieg lag Degerndorf in der Einflugschneise alliierter Bomberstaffeln mit Kurs auf München. Im Dezember 1944 raste eine abgeschossene, mit Phosphorbomben beladene Maschine – in Flammen stehend – auf den Ort zu. Die Degerndorfer hatten einen Schutzengel: Der Flieger stürzte nicht aufs Dorf, kein Haus wurde beschädigt, kein Bewohner verletzt.

Blick in Richtung Holzhausen

Die Kapelle wurde aus Dankbarkeit nach dem Zweiten Weltkrieg errichtet.

Von der siebenköpfigen Besatzung des Bombers überlebte ein Mann, den die Einheimischen versorgten. Die toten Piloten begruben sie entgegen offizieller Anweisung auf dem Gemeindefriedhof. Die Kirchengemeinde gelobte außerdem, eine Kapelle am schönsten Fleck des Ortes zu bauen, falls kein Degerndorfer bis zum Ende des Krieges zu Schaden käme. 1948 lösten sie das Gelübde mit dem Bau der Kapelle Maria Dank ein.

Abstecher nach dem Kapellenbesuch: Ammerland am Starnberger See.

Auf den Bänken vor der Kapelle kann man picknicken und die herrliche Aussicht auf Starnberger See und Alpenkette genießen. Wer kein Picknick dabei hat, fährt über Münsing ans Seeufer und spaziert auf dem Uferweg von Ammerland nach Ambach. Dort wartet im Biergarten vom Gasthof Fischmeister butterzarter Saibling aus dem See.

Info

Lage: Die Kapelle Maria Dank liegt östlich vom Starnberger See; Degerndorf, 82541 Münsing

Einkehr:

- Zum Fischmeister: Seeuferstraße 31, 82541 Ambach, *zumfischmeister.com*

7 Sankt Heinrich am Starnberger See

STAND-UP-PADDLING FÜR ALLE

Meditativ über den See gleiten und dabei den ganzen Körper trainieren, klingt das attraktiv? Kein Wunder, dass Stand-up-Paddling seit ein paar Jahren Trendsportart ist. Am Starnberger See kann man ausprobieren, ob man Spaß daran hat und anschließend am See relaxen.

Stand-up-Paddler auf dem See

Seit ein paar Jahren fahren trendbewusste Sportler ein aufblasbares Board spazieren, um damit über Seen, Flüsse und Kanäle zu gleiten. An Stand-up-Paddling – kurz SUP – geht gerade kein Weg vorbei. Ein Trend, der aus Hawaii herüberschwappte.

Wer hat nicht schon zugesehen und die Könner bewundert, die elegant übers Wasser gleiten – immer dem Sonnenuntergang entgegen. Viele würden die neue Wassersportart gern ausprobieren, trauen sich aber nicht so recht. Dabei ist es (fast) so einfach, wie es aussieht. Allerdings anstrengender, als es aussieht.

Fürs Paddeln auf dem Bord – eine Mischung aus Surfen und Kanu fahren – braucht man ein Brett oder Board, das es in zwei Varianten gibt: als aufblasbares Board oder festes Brett (Hardboard). Dann fehlt nur noch ein Paddel fürs Vorankommen. Das Ausleihen ist in vielen Bootsverleihen möglich, zum Beispiel im Wassersportcenter am Starnberger See in Sankt Heinrich. Dort kann man auch zweistündige Kurse buchen, was den Einstieg erleichtert.

Blaue Stunde

Neben dem Wassersportcenter liegt das Strandbad Sankt Heinrich mit großer Liegewiese. Und zu einem Strandbad gehört natürlich auch die passende Strandbar. Die Beachbar Strand bietet neben leckeren Speisen auch tolle Seeblicke. Ein traumhafter Ort für den Sundowner.

Beach-Feeling

Info

Lage: Sankt Heinrich liegt am Südostende des Starnberger Sees, etwa zwei Kilometer östlich von Seeshaupt entfernt.

Aktivitäten:

- Wassersportcenter Starnberger See: Buchscharnstraße 10, 82541 Sankt Heinrich, *surfschule-starnbergersee.de*

Einkehr:

- Strand Bar & Kitchen: Buchscharnstraße 10, 82541 Sankt Heinrich am Starnberger See, *de-de.facebook.com/strandbarandkitchen*

8 Museum der Phantasie

ANREISE PER SCHIFF

Am Bootssteg in Starnberg legen die Schiffe der Bayerischen Seenschifffahrt ab: einen Platz an Decke suchen und los geht es. Nach Süden hin türmen sich die Alpengipfel auf, am Seeufer gleitet das Schiff an Schloss Possenhofen vorbei, wo Sisi – die spätere Kaiserin von Österreich – einst mit ihrer Familie die Sommermonate verbrachte. Da sich das Schloss in Privatbesitz hinter einer Hecke versteckt, hat man vom Wasser aus den besten Blick.

Bernried am südlichen Starnberger See ist ein bildhübsches Dorf mit altem Kloster und jungem Museum. Am besten nimmt man von Starnberg aus das Linienschiff und gleitet mit schönster Aussicht am Ufer des Sees entlang, bevor man sich auf einen Kulturspaziergang begibt.

Weiter geht es an der Roseninsel vorbei. Die Wittelsbacher kauften die einzige Insel im See einem Fischer ab und errichteten eine Villa als Rückzugsort. Überliefert sind Treffen von Ludwig II. und seiner Großcousine Sisi auf der Insel – zwei einsame Königskinder. Nächster Hingucker am Ufer: Schloss Garatshausen, das durch Heirat dem Fürstenhaus von Thurn und Taxis zufiel, Fürstin Glorias Sommerresidenz.

Am Bootssteg vor Kloster Bernried ist Endstation. Man kann am Wasser entlang direkt in 15 Minuten zum Museum gehen. Es lohnt aber ein Abstecher zum Kloster. Das ehema-

Mit dem Schiff geht es auf Fahrt über den See.

lige Augustiner-Chorherrenstift aus dem 12. Jahrhundert ist das Herz des Ortes. 1949 wurde es als Kloster von Missions-Benediktinerinnen wiederbelebt, die jahrzehntelang Bildungsarbeit leisteten. Die verbliebenen zehn Schwestern gaben ihr Lebenswerk 2021 in die Hände der Gemeinde Bernried. Das Kloster ist nicht zu besichtigen, aber die barockisierte Stiftskirche St. Martin mit ihrem gotischen Altar im rechten Kirchenschiff.

Nun geht es durch eine prächtige Allee am ehemaligen Meierhof des Augustiner-Chorherrenstifts vorbei, wo man rechts abbiegt und dann auf dem Uferweg am Hotel Marina vorbei zum Museum der Phantasie läuft. Das Museumsgebäude, 2001 eröffnet, liegt direkt am See und erinnert an ein Schiff, das bereit ist in See zu stechen. Es beherbergt die Kunstsammlung des Schriftstellers („Das Boot"), Malers und Kunstsammlers Lothar-Günther Buchheim (1918 bis 2007) und wurde auf Anhieb zum Besuchermagnet. Der als Exzentriker bekannte Künstler verbrachte Jahrzehnte seines (Künstler-)Lebens in Feldafing. Als ein geplanter Museumsbau dort scheiterte, bot ihm die Nachbargemeinde Bernried ein Grundstück an.

Der Park rings um das Museum stimmt mit Skulpturen auf den Museumsbesuch ein. Buchheim hatte in den 1950er-Jahren vor allem Werke der Expressionisten wie Erich Heckel, Karl Schmidt-Rottluff, Ernst Ludwig Kirchner oder Max Pechstein aufgekauft. Sie sind das Herzstück der Sammlung – ergänzt durch Kunstwerke aus aller Welt, die Buchheim auf seinen Reisen sammelte, und eigene Werke des Künstlers. Beim Rundgang lässt man sich am besten treiben und kann die Eindrücke im Museumscafé nachwirken lassen.

Den Rückweg zum Steg kann man etwas verlängern und durch den herrlichen Bernrieder Park im englischen Stil mit altem Baumbestand spazieren oder eine Badepause einlegen.

Museum der Phantasie

Auch vor dem Museum stehen einige Kunstwerke.

Info

Lage: Bernried liegt am südwestlichen Ufer des Starnberger Sees.

Aktivitäten:

- Museum der Phantasie: Am Hirschgarten 1, 82347 Bernried, *buchheimmuseum.de*
- Bayerische Seenschifffahrt: Kombi-Ticket Bayerische Seenschifffahrt/ Museumseintritt. Man kann ein ermäßigtes Kombi-Ticket für Bootsfahrt und Museumeintritt kaufen oder die große oder kleine Seerundfahrt buchen, die Fahrtunterbrechungen unterwegs erlaubt; *seenschifffahrt.de/de/starnberger-see*

Einkehr:

- Café Buffi im Museum: Am Hirschgarten 1, 82347 Bernried, *cafe-buffi.de*

Tölzer Land und Isarwinkel

Auf dem Großen Höhenweg am Brauneck

Tölzer Land und Isarwinkel

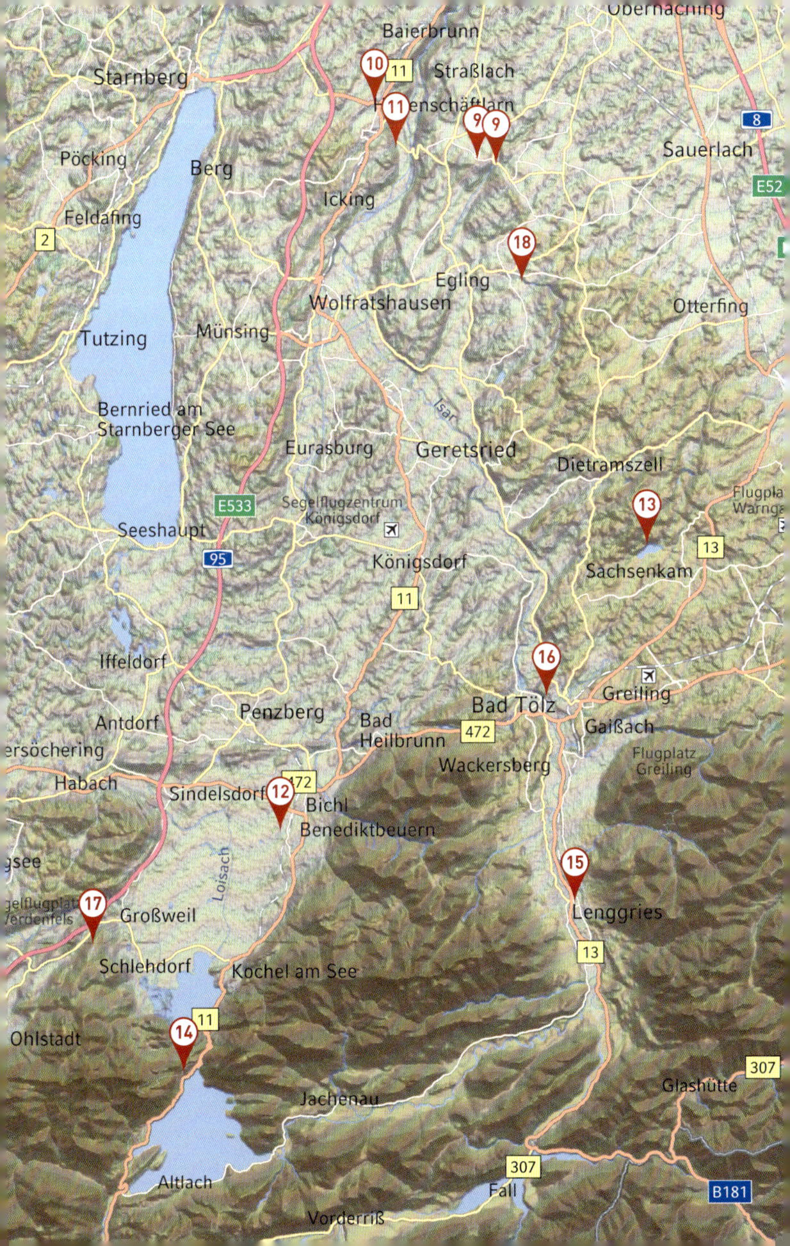

Baierbrunn
Straßlach
Starnberg
Sauerlach
Pöcking
Berg
Icking
Feldafing
Egling
Wolfratshausen
Otterfing
Tutzing
Münsing
Bernried am Starnberger See
Isar
Eurasburg
Geretsried
Dietramszell
Segelflugzentrum Königsdorf
Seeshaupt
Königsdorf
Sachsenkam
Iffeldorf
Greiling
Penzberg
Bad Tölz
Antdorf
Bad Heilbronn
Gaißach
Wackersberg
Flugplatz Greiling
Habach
Sindelsdorf
Bichl
Benediktbeuern
Loisach
Großweil
Lenggries
Schlehdorf
Kochel am See
Ohlstadt
Glashütte
Jachenau
Altlach
Fall
Vorderriß
E533
E52
95
8
B181
2
11
13
307
472
9
10
12
14
15
16
17
18

9 Deininger Weiher und Ludwigshöhe

MOORSEE UND ALPENBLICK

Der Deininger Weiher ist ein romantischer Moorsee im Wald, der nur rund 20 Kilometer südlich von München liegt. Zu jeder Jahreszeit ein lohnendes Ausflugsziel mit wunderbarer Einkehr. Ein Spaziergang führt vom Seeufer zu einer königlichen Aussicht.

Im Sommer ist der Deininger Weiher ein beliebter Badesee, der sich schnell erwärmt. Mehr als Familien und Wassersportler zieht er die stillen Genießer an, die im moorig weichen Wasser ihre Runden ziehen. Viele Besucher kommen am Wochenende auch mit dem Fahrrad. Nach der Fitnesseinheit auf zwei Rädern ist ein erfrischendes Bad hier geradezu himmlisch. Dann kann man sich eine Brotzeit im Biergarten bestellen oder sich im Restaurant Waldhaus verwöhnen lassen, bevor es wieder auf den Heimweg geht.

Badestrand

Außerhalb der Badesaison ist der Weiher aber auch ein stimmungsvoller Ausgangspunkt für einen aussichtsreichen Spaziergang. Besonders schön im Winter, wenn der Schilf im Raureifmantel in der Wintersonne glitzert und die Bäume weiß gepudert sind. Vom Parkplatz am Waldhaus Deininger Weiher aus läuft man im Uhrzeigersinn am Ufer entlang und nimmt den zweiten Abzweig nach rechts. Auf einer kleinen Brücke überquert man das Weiherbachl, den Zufluss zum See, und steht mitten im Deininger Filz.

Das Moor rund um den See wurde einst trockengelegt, um Torf zu stechen. Diese Zeiten sind glücklicherweise vorbei, die Entwässerungsgräben wurden zugeschüttet, und nach und nach nimmt das Deiniger Filz wieder sein ursprüngliches Gesicht an.

Am anderen Seeufer angekommen, biegt man nach rechts ab und lauft zunächst am Seeufer entlang, dann auf einem bequemen Weg durch den Wald weiter. Wenn es zwar ein bisschen matschig, aber nicht wirklich rutschig ist, kann man auch im Winter den Abstecher zur Ludwigshöhe bei Kleindingharting wagen. Mehrere Pfade schlängeln sich linker Hand hangaufwärts zur Anhöhe, wo man schon aus der Ferne eine Baumgruppe und eine sonnengelbe Kapelle erspäht.

Dort warten zahlreiche Bänke – kein Wunder, die Aussicht ist berühmt! Ob hier tatsächlich schon König Ludwig I. saß, nach dem der Aussichtsplatz benannt ist? Wenn ja, dann war er wahrscheinlich genauso fasziniert von der Aussicht wie Wanderer heute rund 150 Jahre später. Der Legende nach soll der König Pläne gehabt haben, auf der Ludwigshöhe im Anschluss an die prachtvolle Lindenallee, die heute ins Nirgendwo führt, eine Villa zu errichten. Einen Beweis für die Theorie konnten Historiker allerdings nie finden.

Auch im Winter eine schöne Wanderung

In der Ferne türmt sich die Alpenkette von den Chiemgauer bis zu den Allgäuer Alpen auf. Wer keinen Platz auf einer Bank ergattert hat, kann sich im Sommer auch auf der Wiese ausstrecken. An den Sommerwochenenden versorgt ein Kiosk die Radler, die sich auf der Straße der Ludwigshöhe nähern, und die Spaziergänger. So kann man den Ausblick, der auch ohne königliche Villa wahrhaft königlich ist, nach Herzenslust genießen.

Der Rückweg zum Deininger Weiher führt auf dem gleich Weg wieder abwärts. Dann ist auch schon bald der Uferweg erreicht, der direkt zum Gasthaus führt.

Die Rast hat man sich verdient!

Info

Lage: Der Deiniger Weiher liegt etwa zwei Kilometer südlich von Straßlach-Großdingharting und etwa 25 Kilometer südlich von München.

Aktivitäten:

- Wanderung: sieben Kilometer, ca. 100 Höhenmeter, 1,5 Stunden

Einkehr:

- Waldhaus Deininger Weiher: mit Biergarten; Deininger Weiher 4, 82064 Straßlach-Dingharting, *Waldhaus-weiher.de*

10 Floßrutsche Mühltal

IM REVIER DER ISARFLÖSSER

Die Isar entspringt zwar im Tiroler Teil des Karwendels, ist aber ein urbayerischer Fluss. Nach einem 292 Kilometer langen Lauf mündet sie südlich von Deggendorf in die Donau. Ist sie auch nicht schiffbar, ab dem Mittelalter war die Isar dennoch ein wichtiger Handelsweg. Auf Holzflößen transportierten wagemutige Flößer Lebensmittel, Luxuswaren, Baumaterial und Kriegsgerät aus dem Alpenraum nach München und Passau oder gleich donauabwärts nach Wien und Budapest. Es waren wilde Gesellen, die ein unstetes Leben führten, aber oft zu Wohlstand kamen.

Eine Floßfahrt, die ist lustig – zumindest für Ausflügler heute. Für die Flößer, die einst Waren aus dem Oberland nach München auf der Isar transportierten, waren Floßfahrten Alltagsgeschäft und nicht ungefährlich. Organisierte Floßfahrten sind eine nicht ganz günstige Gaudi. Das Zuschauen an der Floßrutsche Mühltal ist kostenlos und ebenfalls ein Heidenspaß.

Zum Niedergang der Flößerei trug wesentlich die Erfindung der Eisenbahn im 19. Jahrhundert bei. Deutlich größere Warenladungen konnte man auf Schienen transportieren. Auch die Nutzung der Isar zur Stromgewinnung blieb nicht ohne Einfluss auf die Flößerei. Damit sie nicht vollständig zum Erliegen kam, baute man am Kraftwerk Mühltal und anderen Kraftwerken entlang der Isar Floßrutschen, die heute Attraktionen für Ausflügler sind.

Im 20. Jahrhundert erlebte die Flößerei ein Revival im Tourismus. Fünf bis sechs Stunden dauert die Floßfahrt von Wolfratshausen nach

München auf 18 Meter langen und 20 Tonnen schweren Flößen, die Platz für 60 Personen bieten. An den Flößen selbst hat sich wenig geändert – noch immer werden Baumstämme mit Drahtgeflechten und Eisenseilen zusammengezurrt, bevor es losgeht. Rund 1200 Flöße pro Jahr sind in den Sommermonaten von Bad Tölz zur Floßlände in München-Thalkirchen unterwegs, mit Blasmusik und reichlich Bier an Bord – schwimmende Biergärten. Die Fahrten werden oft von Vereinen oder Firmen gebucht, aber es gibt die Möglichkeit, sich als Kleingruppe einzubuchen, wenn Plätze frei sind.

Die Floßsaison dauert von Mai bis Mitte September. Täglich um 9 Uhr ist Start an der Isarfloßlände in der Pupplinger Au bei Wolfratshausen. Dann geht es durch das Naturschutzgebiet Pupplinger Au, vorbei am Isarspitz, wo die Loisach in die Isar mündet, in Richtung Ickinger Wehr. Hier biegt das Floß auf den Isar-Werkkanal ab, auf dem es nun deutlich langsamer vorangeht, und über die Aumühle schließlich weiter in Richtung Kloster Schäftlarn und ins Mühltal bei Straßlach.

Dort liegt das Gasthaus zur Mühle gegenüber der Floßrutsche, ein bayerisches Wirtshaus mit Tradition – 1007 erstmals urkund-

Uriges Gasthaus zu Mühle

lich erwähnt – und herrlichem Biergarten. Schaulustige können den Flößen, die normalerweise zwischen 11:30 und 12:30 Uhr eintreffen, vom Biergarten aus zusehen. Wenn die Freizeit-Flößer selbst in der Mühle zum Essen einkehren, geht es gegen 13 Uhr weiter.

Floßrutsche

Die Floßrutsche im Mühltal ist mit 345 Meter Länge die längste Europas. Das Gefälle ist beträchtlich, sodass die Flöße mit einer Geschwindigkeit von 40 Kilometer in der Stunde hinuntersausen – mit viel Gegröle natürlich. Eine Gaudi auch für die Zuschauer.

Gleich nebenan beeindruckt die Industriekultur des frühen 20. Jahrhunderts. Das Gebäude des Wasserkraftwerks Mühltal, 1924 erbaut, steht unter Denkmalschutz. Als Kraftwerk ist es nach wie vor enorm leistungsfähig. Seit Jahrzehnten presst das Gefälle Wasser durch drei gewaltige Turbinen und versorgt rund 17.500 Haushalte mit sauberem Strom. Es gehört zu den 24 Wasserkraftwerken der Werkgruppe Isar, die insgesamt für die Versorgung von 400.000 Haushalten zuständig ist.

Am Kraftwerk

Wer nicht einkehren will, kann natürlich auch ein Picknick mitbringen. Dann einfach einen Platz am Wehr suchen und Sonne tanken, die Berge im Hintergrund betrachten, den Enten beim Schwimmen zusehen und den Flößern beim Vorbeirauschen. Danach lockt ein Spaziergang. Ein bequemer Weg führt beispielsweise vom Mühltal in ca. 30 Minuten zum Kloster Schäftlarn.

Und die Flöße? Nach insgesamt rund sechs Stunden Fahrzeit und 26 Flusskilometern erreichen sie gegen 16 Uhr das Ziel, die Zentrallände in München-Thalkirchen. Dort werden sie auseinandergebaut, die Fichtenstämme per Lkw zurück nach Wolfratshausen transportiert und für den nächsten Tag zusammengezurrt.

Picknick am Wehr

Info

Lage: Die Floßrutsche Mühltal liegt am Isarkanal bei Schäftlarn. Ablegestelle Isarbrücke, 82538 Pupplinger Au

Aktivitäten:

- Floßfahrten auf der Isar: *isar-floss-event.de*

Einkehr:

- Gasthaus zur Mühle: Mühltal 10, 82064 Straßlach, *gasthausmuehle.de*

11 Kloster Schäftlarn

WALD, LAND UND FLUSS ERWANDERN

Vom Kloster Schäftlarn führt die gemütliche Wanderung durch das Naturschutzgebiet Isarauen – am Isarkanal entlang zum Ickinger Stauwehr und schließlich durch die Isarauwälder zurück. Perfekt für jede Jahreszeit und mit netten Einkehrschwüngen unterwegs.

Gasthaus Bruckenfischer

Vom Wanderparkplatz an der Klosterstraße geht es links in Richtung Isar. Gleich hinter der Isarbrücke überquert man die Straße und steht vor dem Gasthaus zum Bruckenfischer, ein Landgasthof mit 100-jähriger Tradition, in dem saisonale und regionale Küche auf den Tisch kommt, zum Beispiel Wild aus eigener Jagd und Fisch aus der Region: ein wunderbarer Platz für die Einkehr am Ende der Wanderung.

Hinter dem Gasthaus mit Biergarten führt eine Treppe zum Isarkanal, auf dem an Sommerwochenenden Flöße mit Blasmusik und Bier unterwegs sind. Schon das Zuschauen ist eine Gaudi, während man immer geradeaus am Kanalufer entlanggeht. Nach einer halben Stunde taucht mit einer überdachten hölzernen Brücke das erste Fotomotiv auf. Auf der gegenüberliegenden Seite liegt eine weitere Einkehr: die Aumühle mit Fischen aus eigener Zucht. Wenn der Appetit größer als der Hunger ist, gibt es im Hofladen eine Fischsemmel.

Gemütlicher Biergarten

Nach gut zwei Kilometern erreicht man das 1924 erbaute Ickinger Stauwehr. Mit seiner Holzverschalung erinnert es an eine mittelalterliche Stadtmauer. Hier wird die Isar geteilt: auf der einen Seite der Wildfluss, auf der anderen der gezähmte Mühltalkanal. Die Flöße, die aus Wolfratshausen kommen, biegen vor dem Wehr in den Kanal ab.

Für Wanderer gibt es zwei Optionen. Entweder rechts vor dem Wehr auf dem breiten Wanderweg weiterlaufen, der zunächst am Ickinger Stausee entlangführt und später wieder auf den schon bekannten Weg am Kanal entlang mündet. Spannender ist die zweite Variante, für die man das Wehr und die Isar überquert. Dann geht es rechts und gleich schräg links weiter auf einem Wanderpfad durch den Wald, der sich ein Stück weit am Auenbach entlangschlängelt. Ein romantischer Weg, der manchmal recht matschig ist. An einer Stelle ist der Auenbach zu überqueren. Baumstämme im Wasser erleichtern die Passage, ein bisschen Balancegefühl ist aber gefragt. Sonst muss man durch den Bach waten.

Am Ickinger Wehr

Wenn der Wald endet, geht es durch die Auen und schließlich auf einem asphaltierten Wirtschaftszweig auf das Kloster zu. Es lohnt auf jeden Fall einen Schlenker. Seit mehr als 1200 Jahren – mit einer Zwangspause von rund 60 Jahren nach der Säkularisierung 1803 – leben und arbeiten Mönche in der Benediktinerabtei nach den Regeln des heiligen Benedikt. Sie betreiben ein Gymnasium mit Internat, Forstwirtschaft, eine Brennerei und eine Imkerei. Die Produkte aus eigener Produktion gibt es in Klosterladen und Klosterwirtschaft.

Kloster Schäflarn

Besichtigen kann man die helle, heitere Klosterkirche, die 1754 bis 1764 ihr Rokoko-Gesicht erhielt. Kloster Schäftlarn liegt am Münchner Jakobsweg, und Pilger können sich im Eingangsraum der Kirche ihren Stempel holen.

Ein Kleinod ist der Prälatengarten hinter dem Parkplatz am Kloster, der erst Ende der 1990er-Jahre wiederbelebt wurde. Zwischen Rosen, Lavendel und je nach Jahreszeit bunten Sommerblumen sprudelt ein Brunnen. Aus der Ferne betrachtet wird die Kreuzesform der Anlage deutlich. Auf dem Fußweg an der Straße entlang geht es in wenigen Minuten zurück zum Parkplatz.

Im Klostergarten

Info

Lage: Das Kloster Schäftlarn liegt etwa zwölf Kilometer östlich vom Starnberger See; Klosterstraße 2, 82067 Schäftlarn, *abtei-schaeftlarn.de*. Beginn der Wanderung: Wanderparkplatz Isar bei Schäftlarn, Klosterstraße 13, 82067 Schäftlarn

Aktivitäten:

- Wanderung: 10,2 Kilometer, 40 Höhenmeter, 2,5 Stunden

Einkehr:

- Gasthaus zum Bruckenfischer: Dürnstein 1, 82544 Egling, *bruckenfischer.com*
- Gasthaus Aumühle: Aumühle 10, 82544 Egling, *gasthaus-aumuehle.de*

12 Kloster Benediktbeuern

MOOR, KRÄUTER UND BAROCKER ÜBERSCHWANG

In der ersten Hälfte des 8. Jahrhunderts bereits gründeten Mönche am Rande des Loisach-Kochelsee-Moors ein Kloster, dem Karl der Große eine bedeutende Reliquie schenkte: eine Speiche des rechten Unterarms vom Hl. Benedikt. So weihte man das Kloster dem Heiligen, für den „ora et labora" (bete und arbeite) den klösterlichen Tagesablauf bestimmte, und taufte es Bendiktbeuern. Es wurde groß und mächtig, erlebte im 17. Jahrhundert seine Blütezeit, was man auch äußerlich mit einem imposanten barocken Neubau demonstrierte.

Kunstgenuss und kulinarische Genüsse treffen im Kloster Benediktbeuern vor der Kulisse der Benediktenwand zusammen. Wer den Klosterbesuch durch eine Aktiveinheit ergänzen möchte, kann zwischen einem Meditationsweg und einem Moorerlebnisweg wählen.

Mit der Säkularisation 1803, der Verstaatlichung des klösterlichen Besitzes in ganz Bayern, mussten auch die Mönche von Benediktbeuern ausziehen. Zu den Schriften der Klosterbücherei, die man damals in die Bayerische Staatsbibliothek schaffte, gehörte ein besonderer Schatz: die Carmina Burana, die größte Sammlung weltlicher und geistlicher Lieder des Mittelalters in Europa.

1930 zog mit den Salesianern Don Boscos wieder geistliches Leben ein. Sie machten das Kloster zu einem Zentrum religiöser Bildung,

Wissenschaft und Erziehung für junge Menschen. Noch heute widmen sich 37 Brüder dieser Aufgabe. Angegliedert ist das Zentrum fur Umwelt und Kultur (ZUK), das spannende Führungen anbietet.

Klosterkirche Benediktbeuern

Sehenswert sind die einstige Abteikirche und heutige Pfarrkirche St. Benedikt mit einem hochbarocken Raum sowie die Anastasiakapelle neben dem Nordturm, die führende Künstler der Wessobrunner Schule zu einem Juwel des Rokoko ausgestalteten. Den Kreuzgang, gotischen Saal und Kapitelsaal sowie den frühbarocken Festsaal kann man im Rahmen einer Führung kennenlernen.

Außerhalb der Klostermauern liegt ein Meditationsgarten, in dem Minze, Mauerpfeffer, Thymian oder Zimbelkraut in der Kräuterspirale um die Wette duften. Ein Natursteinweg führt an vier Beetkreisen (Kräuter für alle Sinne, Heilkräuter, Küchenkräuter, Symbolkräuter) vorbei zum Brunnen in der Mitte. Mehr zum Thema bietet der Kräuter-Erlebnis-Laden, wo man sich mit Literatur und Geschenkartikeln eindecken kann. Im angegliederten Gartencafé schmecken leckere Kuchen unter schattigen Bäumen. Gleich nebenan gibt es deftig bayerische Küche im Klosterbräustüberl.

Kräutergarten

Nicht verpassen: ein Abstecher zur Fraunhofer-Glashütte auf dem Klostergelände. Im frühen 19. Jahrhundert forschte Joseph von Fraunhofer dort, bis er dunkle Linien im Sonnenspektrum entdeckte – die berühmten Fraunhoferschen Linien. Die Ausstellung der historischen Glashütte zeigt Schmelzöfen, Werkzeuge zur Glas- und Metallbearbeitung sowie optische Instrumente.

Wer Lust auf Bewegung hat, findet gleich mehrere Möglichkeiten. Der erst 2021 eröffnete, 2,5 Kilometer lange Meditationsweg verläuft rund um die Klosteranlage und besteht aus zwölf Stationen mit Impulsen aus der Regel Benedikt.

Spannend nicht nur für Familien mit Kindern ist der Moorerlebnisweg, der in mehreren Stationen das Moor erlebbar macht. Entlang der Allee hinter dem Maierhof laden aber zunächst Bäume zum munteren Baum-Quiz ein. Zur Rechten zweigt bald ein Barfußpfad ab, der sich in einer Acht über Holzbohlen, Waldboden, Steine und Matsch um zwei kleine Moorseen zieht. Auf der anderen Seite des Hauptwegs wuchern auf dem Schmetterlingspfad um einen Teich herum zahlreiche Sumpfpflanzen wie Sibirische Schwertlilien, Wollgras und Sumpflilien – umflattert von Schmetterlingen und Libellen.

Auf dem Klangpfad

An der nächsten Kreuzung lädt ein Klangpfad zum Besuch ein, auf dem der Hörsinn im Fokus steht. Man lauscht dem Klang von Steinen, Hölzern, Wind und Wasser, den Stimmen der Vögel und dem Rascheln der Blätter. An der Vogelbeobachtungsstation Moosmühle kann man mit ein bisschen Glück und Ausdauer die Vogelwelt der Umgebung – darunter Reiher, Störche, Gimpel, Wacholderdrosseln und Kleinspechte – beobachten.

Der Hochmoorpfad schließlich führt über schmale Stege oder Holzstämme zwischen Zwergbirken und grünbraunen Tümpeln durchs Moor. Unterwegs warten kleine Herausforderungen auf alle, die Lust haben, ihr Balancegefühl auf Wippen und Balken zu trainieren. Eine Tarzanschaukel und ein handbetriebenes Holzfloß, mit dem Kids und Eltern über den Mini-Moorsee schippern, sorgen für eine Prise Abenteuer unterwegs.

Mit dem Floß über den Moorsee

Info

Lage: Das Kloster Benediktbeuern liegt etwa acht Kilometer südlich von Penzberg; Don-Bosco-Straße 1, 83671 Benediktbeuern, *kloster-benediktbeuern.de*

Aktivitäten:

- Führungen im Kloster Benediktbeuern: *kloster-benediktbeuern.de/Kloster/Fuehrungen*
- ZUK Zentrum Umwelt und Kultur: Maierhof des Klosters. Infos über Führungen: *zuk-bb.de/zuk/home*

Einkehr:

- Klosterbräustüberl Benediktbeuern: Zeilerweg 2, 83671 Benediktbeuern, *klosterwirt.de*
- Klostercafé Benediktbeuern: Don-Bosco-Straße 1, 83671 Benediktbeuern, *kloster-benediktbeuern.de/Zu-Gast/Klostercafe*
- Café des Kräuter-Erlebnis-Gartens: Zeilerweg 2, 83671, Benediktbeuern, *zuk-bb.de/Kraeuter-Cafe-Laden*

13 Kirchsee und Kloster Reutberg

BADEN UND GENIESSEN

Der Kirchsee nördlich von Bad Tölz liegt mitten im Naturschutzgebiet Ellbach-Kirchseemoor vor grandioser Bergkulisse und hat das Zeug zum Lieblingssee. Den Tagesausflug zum Baden oder Spazierengehen kann man bestens mit einem Abstecher zum Klosterbräustüberl Reutberg verbinden, das fotogen auf einem Hügel thront.

Brauerei Reutberg

Der Kirchsee liegt mitten im Naturschutzgebiet, deshalb gibt es nur wenige Badestellen, die fast alle am Nordufer liegen. Große Liegewiesen sucht man vergeblich. Am Ufer, im Gras oder auf einem der Stege sucht man sich ein Plätzchen. Und weil die begehrt sind, kommt man am besten früh. Eine weitere Badestelle am Südufer kann man nur zu Fuß vom Kloster Reutberg aus erreichen. Alles was Krach macht, ist rund um den See verboten. So treffen sich am Moorsee stille Genießer, die sich auf den Stegen in der Sonne aalen oder auf dem See Stand-up-paddeln.

Genug gebadet und gesonnt? Dann lockt ein frühes Abendessen im Kloster Reutberg, das man vom Seeufer schon erspähen kann. Der barocke Bau aus dem frühen 18. Jahrhundert ist ein beliebtes Ausflugsziel, das sich wunderbar mit den Badefreuden im Kirchsee verbinden lässt.

Kloster und Bier – das gehört in Bayern vielfach zusammen. So auch in Reutberg. Das 1618 gegründete Kloster kann auf 300 Jahre Brautradition zurückblicken. Gerste und Hopfen wurden im Kloster selbst angebaut, das Wasser stammte aus klostereigenen Quellen. Ab 1677 brauten die Franziskaner-Klosterfrauen persönlich – vor allem, um Pilger zu verköstigen. Der Erfolg der Klosterschänke war so groß, dass sich die Brauereien aus dem nahen Tölz beschwerten, denen die Konkurrenz der frommen Schwestern nicht geheuer war.

Rund 30 Jahre nach der Säkularisation wurde das Kloster 1835 wiedererrichtet, doch nun übernahmen weltliche Brauer die Brauerei, die außerhalb der Klostermauern eine Schänke eröffneten. Seit 1924 führt die Brauereigenossenschaft Reutberg die Tradition des Bierbrauens auf dem Reutberg fort. Im Kloster leben nur noch ein paar wenige Schwestern vom regulativen III. Orden des Hl. Franziskus.

Biergarten mit schönem Blick

Nach einem Blick in die Klosterkirche lockt das Bräustüberl oder besser noch – wenn das Wetter passt – der Biergarten. Herrlich ist Blick von der Terrasse über saftige Weiden mit Kühen auf die Berge des Isarwinkels und des Karwendels. Auf der Speisekarte stehen Biergartenklassiker, und zu den deftigen Speisen passen die Biere der Klosterbrauerei. Eine Besonderheit für Bierliebhaber ist der Aegigius Trunk. Das naturtrübe, unfiltrierte Kellerbier ist ein klassisches Festbier, das man früher nur zum Aegidius-Fest ausschenkte. Im Kloster Reutberg kann man es längst rund ums Jahr trinken.

Ein besonderer Tipp: nach dem Abendessen noch einmal zurück an den See fahren, der berühmt für seine Sonnenuntergänge ist. Die Holzstege sind die schönsten Plätze, um die magische Abendstimmung einzufangen.

Kloster Reutberg

Info

Lage: Der Kirchsee liegt etwa 2,5 Kilometer westlich von Sachsenkam und ca. zwölf Kilometer nordöstlich von Bad Tölz. Das Kloster Reutberg liegt etwa 1,2 Kilometer von Sachsenkam Richtung Kirchsee. Ausgangspunkt des Spazierwegs: Kirchseestraße 3, 83679 Sachsenkam

Einkehr:

- Klosterbräustüberl Reutberg: Am Reutberg 2, 83679 Sachsenkam, *klosterbraeustueberl.de*

14 Auf den Jochberg

EINLADUNG ZUM GIPFELFRÜHSTÜCK

Der Jochberg gehört zu den Lieblingsbergen der Münchner und ist an Wochenenden gut besucht. Kein Wunder: Die Blicke vom Gipfelkreuz in 1565 Meter Höhe auf Seen und unzählige Berggipfel sind einfach grandios. Am Ende der Wanderung wartet im Sommer Erfrischung im Walchensee.

Wer am Jochberg nicht im Stau stehen möchte, wandert unter der Woche. Oder zu ungewöhnlichen Zeiten. Frühaufsteher sind klar im Vorteil, denn beim Frühstück am Berg hält sich der Andrang in Grenzen. Am besten ist es, die Zeit des Sonnenaufgangs herauszufinden und die Aufstiegszeit entsprechend abzustimmen.

Der Wanderpfad schlängelt sich gegenüber vom Parkplatz durch den Bergwald – immer den gelben Wegweisern zum Jochberg folgend. Nach einer knappen Stunde zeigt sich zur Linken zum ersten Mal der Kochelsee, der sich in tiefem Blau in der Voralpenlandschaft räkelt. Nach einer weiteren halben Stunde erreicht man eine Lichtung, wo Wegweiser u. a. zur Jocheralm weisen. Zum Gipfel hält man sich jedoch links zum „Jochberg". Nach einer Weile ist die Baumgrenze erreicht, und durch ein Weidegatter führt der Weg auf eine Almwiese. Hier schiebt sich erstmals der Walchensee ins Blickfeld, der 200 Meter oberhalb vom Kochelsee liegt. Der Jochberg thront genau dazwischen.

Blick auf den Kochelsee

Noch 20 Minuten geht es recht steil bergauf, dann ist das Gipfelkreuz erreicht. Was für ein Blick! Nach Norden hin erspäht man Ammersee, Riegsee und Staffelsee, der Kochelsee macht sich im Vordergrund breit. Auf der anderen Seite liegt der türkisgrüne Walchensee vor unzähligen Bergspitzen. Am Hang finden alle Wanderer ihr Picknickplätzchen. Bei grandioser Aussicht schmeckt die Brotzeit sicher bestens.

Am Gipfelkreuz

Der Rückweg ins Tal führt über den breiten Zufahrtsweg zu einem Abzweig, der nach rechts in Richtung Urfeld führt. Nach rund 500 Metern folgt man dem Wegweiser nochmals nach rechts auf einen Waldpfad, der sich über Stock und Stein abwärts windet. Der Weg ist größtenteils schattig und führt vorbei an Kollektionen von Steinmännchen, die Wanderer errichtet haben. An Biegungen hält man stets nach dem Wegweiser nach „Urfeld" Ausschau oder nach dem rot-weißen Pfeil, der den Wanderweg markiert.

Auf dem letzten Stück bergab glitzert schon der Walchensee verführerisch durch die Bäume. Mit einer Tiefe von bis zu 190 Meter ist er einer der tiefsten Alpenseen Deutschlands. Im Sommer ist er auch ein erfrischender Badesee. Ansonsten kann man den Windsurfern zuschauen, die hier fast immer über den See flitzen.

Zurück zum Ausgangspunkt geht es auf einem befestigten Weg ca. 30 Minuten am Seeufer entlang nach Urfeld. Der Weg zurück zum Parkplatz verläuft in Serpentinen entlang der Straße.

Walchensee

Walchensee mit Gipfelpanorama

Info

Lage: Der Jochberg liegt zwischen Kochelsee und Walchensee, acht Kilometer südlich von Kochel am See. Ausgangspunkt der Wanderung: Wanderparkplatz Kesselbergstraße 7, 82431 Kochel am See

Aktivitäten:

- Wanderung: 10,3 Kilometer, 763 Höhenmeter, vier Stunden. Die Rundwanderung führt meist auf schattigen Waldpfaden bergauf und bergab und ist bei solider Grundkondition gut zu bewältigen. Trittsicher sollte man jedoch sein, solide Bergschuhe sind ein Muss, Wanderstöcke hilfreich. Aufsteigen kann man, sobald der Berg schneefrei ist. In der Regel von Mai bis Mitte Oktober.

Einkehr:

- Café am See: Urfeld 27, 82432 Kochel am See, direkt am Nordende des Walchensees gelegen

15 Großer Höhenweg am Brauneck

AUSSICHTSREICHE RUNDE

An der Bergstation beginnen mehrere Wanderwege für jedes Fitnessniveau – die anspruchsvolle Wanderung zur Benediktenwand genauso wie der einfache Kleine Höhenweg, der perfekt für Familien mit kleinen Kindern ist. Ein Favorit ist der Große Höhenweg, der in gut drei Stunden eine aussichtsreiche Runde über gleich drei Gipfel dreht. Perfekt für Gipfelsammler, denn neben dem Brauneck-Gipfel geht es unterwegs auch auf Vorderen Kirchstein und Latschenkopf.

Am Brauneck, dem Hausberg von Lenggries, tummeln sich im Winter die Skifahrer, im Sommer die Wanderer. Er gehört zweifellos zu den Lieblingsgipfeln im Voralpenland. Nicht ohne Grund! Ganz sicher ist man am Wochenende nicht allein, aber glücklicherweise sind die Wandermöglichkeiten vielfältig, und die Wanderer verteilen sich schnell.

Der erste Gipfel, der Brauneck (1555 Meter), ist nach fünf Minuten erreicht. Die ersten Ahs und Ohs lassen nicht lange auf sich warten, denn die Bergwelt des Karwendels erhebt sich bei klarer Sicht zur Linken, und auf der anderen Seite gleitet der Blick vom Gipfelkreuz über Lenggries und das Isartal. Ein paar Meter unterhalb vom Gipfelkreuz liegt der Startplatz für Paraglider und Drachenflieger, die mit ihren bunten Schirmen ins Tal segeln.

Weiter geht es über den Rücken des Brauneck aussichtsreich geradeaus in Richtung Latschen-

Erster Gipfel: Vorderer Kirchstein

kopf. Vorbei am Skilift geht es dem Vorderen Kirchstein entgegen. Unterwegs führt ein steiniger Aufstieg kurz, aber steil an der Hangkante entlang. Am Vorderen Kirchstein (1670 Meter) spaziert man direkt vorbei. Ein paar zusätzliche Höhenmeter, die sich lohnen, führen zum Gipfelkreuz. Von oben blickt man direkt auf die Benediktenwand und im Tal auf Kloster Benediktbeuern, Staffelsee, Starnberger See und Ammersee.

Spezialitäten der Stie-Alm

Zurück auf dem Wanderweg erreicht man nach wenigen Minuten bereits das nächste Gipfelkreuz auf dem 1712 Meter hohen Latschenkopf. Nun geht es über Stock und Stein bergab – der etwa einstündige Abstieg zur Stie-Alm beginnt. Die schwierigste Passage liegt gleich am Anfang: ein felsiger Steig, der sich durch einen Latschenwald hinabschlängelt. Nach Regenfällen können die Steine glitschig sein, dann ist Vorsicht geboten.

Auf dem Höhenweg

Wenn man ein von Latschen überwuchertes steinernes Tor passiert hat, warten gleich mehrere Wegweiser. Man folgt immer dem Hinweis „Großer Höhenweg". Der Steig windet sich schmal, aber nicht mehr steil am Fels entlang. Nach einer halben Stunde etwa erreicht man die Bergstation eines Schlepplifts und läuft den Idealhang hinunter, auf dem Skifahrer im Winter unterwegs

Kapelle am Wegesrand

sind. Er führt an einer hübschen Kapelle und einem Kneippbecken vorbei direkt zur Stie-Alm mit ihrer Sonnenterrasse, wo köstliche Hüttenküche wartet.

Gestärkt geht es zurück zur Bergstation. Der Wanderpfad führt bergauf und dann am Hang entlang, bis man auf den breiten Forstweg zur Bergstation stößt. Alternativ nimmt man direkt den Forstweg, der an mehreren Einkehrmöglichkeiten vorbeiführt: Strasser Alm, Quenger Alm und Tölzer Hütte folgen direkt aufeinander. Nach einer halben Stunde ist die Brauneckbahn erreicht, die Wanderer ins Tal zurückbringt.

Info

Lage: Brauneck liegt etwa 20 Kilometer südlich von Bad Tölz. Ausgangspunkt der Wanderung: Großer Parkplatz Brauneckbahn, Gilgenhöfe, 83661 Lenggries

Aktivitäten:

- Wanderung: 6,3 Kilometer, 420 Höhenmeter, 3,5 Stunden. Mit der Brauneckbahn geht es zum Ausgangspunkt des Panorama-Rundwegs. Meist schmale, aber angenehme Steige. An einigen Stellen geht es über Felsen und Baumwurzeln relativ steil bergauf und bergab, nach Regentagen sind diese Passagen rutschig. Trittsicherheit ist immer notwendig. Zur Ausrüstung gehören Bergschuhe und Wanderstöcke.
- Brauneckbahn: *brauneck-bergbahn.de*

Einkehr:

- Panoramarestaurant: *panoramarestaurant-brauneck.de*
- Brauneckhaus: *brauneckgipfelhaus.de*
- Stie-Alm: *stie-alm.de*
- Strasser Alm: ab August und nur bei schönem Wetter; *brauneck-bergbahn.de/winter/huetten-und-gasthoefe/*
- Quenger Alm: *quengeralm-brauneck.de*
- Tölzer Hütte: *tölzerhütte.de*

16 Bad Tölz

SCHMUCKSTÜCK AN DER ISAR

Zu beiden Seiten der Isar erstreckt sich eine der hübschesten oberbayerischen Kleinstädte – hier die prächtige Marktstraße mit ihren schmucken Bürgerhäusern und dem verwinkelten Flößerviertel, dort die Kurstadt. Und über allem thront der Kalvarienberg.

Marktstraße

Bad Tölz verdankt seine Existenz der Salzstraße zwischen Bad Reichenhall und dem Allgäu sowie dem Flößerweg auf der Isar. Zwei Wirtschaftswege, die Wohlstand in die Region brachten. Rechts der Isar liegt die historische Altstadt mit ihrer „guten Stube", der Marktstraße. Diese ist heute Fußgängerzone mit zahlreichen Läden und Cafés – perfekt zum Flanieren und Pausieren. Viele der prächtigen Bauten, die aus dem 15. bis 18. Jahrhundert stammen, schmücken farbenprächtige Fassadenmalereien. Diese zeigen biblische Motive, erzählen aber auch von den Wünschen und Hoffnungen der Tölzer – oft mit einem Schmunzeln. Ihr heutiges Gesicht bekamen die Häuser erst im frühen 20. Jahrhundert durch den Heimatpfleger und Architekten Gabriel von Seidl.

Ein beliebter Treffpunkt in der oberen Marktstraße ist das Standbild von Kaspar Winzerer III., im 15. Jahrhundert Feldherr aus Tölz. Auf der Höhe des Denkmals steht eines der prächtigsten Gebäude (Nr. 43) der Straße, das Alte Rathaus. Heute beherbergt es das Stadtmuseum, das auf drei Ausstellungsebenen einen Querschnitt durch die Geschichte des Tölzer Landes und die Handwerkskultur zeigt. Weitere Schmuckstücke der Markt-

Florian im Gries

straße: das Sporerhaus (Nr. 45) mit seinen schönen Fresken und das Pflegerhaus (Nr. 59).

In zweiter Reihe hinter der Marktstraße liegt die Stadtpfarrkirche aus der Mitte des 15. Jahrhunderts. Sie thront über dem Gries, dem früheren Handwerker- und Flößerviertel. Dieses steht heute, genau wie der Altstadtkern, unter Denkmalschutz. Die Gassen hier sind verwinkelt, die Häuser weniger prunkvoll als in der Marktstraße, verströmen aber einen besonderen Charme.

Bad Tölz kennen viele als Filmkulisse für die Kultserie „Bulle von

Am Isarufer

Tölz", die bis 2009 mit Ottfried Fischer und Ruth Drexel ausgestrahlt wurde und immer noch viele Fans hat. Ein kleines privates Museum, aber auch der Bullen-Brunnen am Max-Höfler-Platz vor der Tourist-Information erinnern an den „Bullen" und seine Wirkungsstätten.

Auf der anderen Seite der Isar wartet nostalgische Kurort-Eleganz. Gabriel von Seidl war der Architekt des Tölzer Kurhauses, das 1914 im Kurgarten eingeweiht wurde. Zwischen den Weltkriegen entstand der Prestigebau der Wandelhalle. Der Kurort-Ruhm ist heute längst passé. Es lockt noch ein Spaziergang an der Isar, bevor es zurück auf die Altstadtseite geht.

Dort führt ein Abstecher in rund 15 Minuten auf den Kalvarienberg – für den schönsten Ausblick auf Stadt und Fluss. Auf dem Gipfel steht die Heilig-Kreuz-Kirche, eine Doppelkirche. Daneben liegt die Leonhardikapelle, die deutlich berühmter ist. Sie wurde 1718 von Tölzer Zimmerleuten anlässlich eines Gelöbnisses erbaut und steht auch heute noch im Zentrum der Tölzer Leonhardifahrt am 6. November, bei der festlich geschmückte Pferdegespanne sie zweimal umkreisen, um Fruchtbarkeit für das Vieh zu erbitten.

Lage: Bad Tölz liegt ca. 50 Kilometer südlich von München.

Aktivitäten:

- Tölzer Stadtmuseum: Marktstraße 48, 83646 Bad Tölz, *bad-toelz.de/de/service/bad-tolz-fur-alle-barrierefrei/stadtmuseum.html*
- Bulle von Tölz Museum: Kapellengasteig 3, 83646 Bad Tölz, *dasbullevontoelzmuseum.de*

Einkehr:

- Reutbergstüberl: Schützenstraße 5, 83646 Bad Tölz

17 Bauernhofmuseum Glentleiten

REISE NACH ANNO DAZUMAL

Das größte Freilichtmuseum Südbayerns liegt herrlich vor der Kulisse von Bergen und Kochelsee und ist zwischen Frühjahr und Herbstferien ein wunderbares Ziel für die ganze Familie. Bauernhäuser und Bauerngärten, Handwerksbetriebe – am Wochenende auch mit Vorführungen – laden zu einer Reise in die Vergangenheit ein.

Als wären die Sommergäste, die die gute Stube des Bauerhofs gemietet hatten, gerade vor die Tür getreten. Der Tisch im Wohnraum ist liebevoll und originalgetreu eingedeckt und scheint auf die Kaffeegesellschaft zu warten. Bei soviel Authentizität fällt es nicht schwer, in die Lebenswelt der Bewohner einzutauchen. Die Zeit vor dem Zweiten Weltkrieg wird lebendig, als der Tourismus im Bauernland südlich von München Einzug hielt und die Bauern ihre Stuben für ein willkommenes Zubrot an Sommerfrischler aus der Stadt vermieteten.

60 original erhaltene Gebäude machen im Freilichtmuseum Glentleiten, das bereits 1976 eröffnete, den ländlichen Alltag der Menschen Oberbayerns über die Jahrhunderte begreifbar. Mit Liebe zum Detail und handwerklichem Geschick wurden sie an ihren Originalstandorten abgetragen und auf dem Museumsgelände wieder aufgebaut. Anrührend und anschaulich erzählen sie die Geschichte ihrer früheren Bewohner. Und weil das Museum sich als „work in progress" versteht, kommen immer neue Objekte hinzu.

Neben Bauernhäusern gibt es natürlich auch Bauerngärten, in denen historische Obst- und Gemüsesorten wachsen. Dazu Wälder und Weiden, auf denen alte Nutztierrassen grasen. Und auch die Industriekultur kommt nicht zu kurz. Das größte Gebäude am Glentleiten ist eine einst als Sägewerk errichtete Halle mit einem Zollinger Lamellendach, benannt nach seinem Erfinder Friedrich Zollinger, für das man bis zu 40 Prozent weniger Holz als für einen herkömmlichen Dachstuhl benötigte.

Am Ufer des Kochelsees

Ausstellungen und Vorführungen alter Handwerkstechniken ergänzen das Ensemble der Bauernhäuser. Was macht eigentlich ein Wagner? Wer weiß, wie Seile gedreht werden oder Bier gebraut wird? Vor dem Besuch lohnt sich ein Blick aufs Veranstaltungsprogramm. Und man bleibt nicht in der Vergangenheit kleben: Eine neue Attraktion ist eine historische Tankstelle, ein Beispiel für den Wandel im ländlichen Handwerk nach dem Zweiten Weltkrieg. Damit hielt die Moderne am Glentleiten Einzug.

Bauerngarten

Auch verpflegen kann man sich natürlich im Museum. Vielleicht mit einer Schmalznudel oder einem Eis aus dem Kramerladen? Ein Tante-

Emma-Laden wie in Kindertagen mit Bierbänken vor der Ladentür. Aber auch der Biergarten des Museums mit Blick übers Wander- und Radelparadies Blaues Land ist gemütlich.

Wenn es im Anschluss an den Besuch im Freilichtmuseum noch ein Spaziergang mit Einkehr sein darf – mit der Kreut-Alm liegt eine wunderbare Einkehr ganz in der Nähe. Hier sucht man sich ein Plätzchen im Biergarten unter Kastanien oder holt einfach ein Getränk am Kiosk und breitet auf der Wiese vor dem Gasthof – im Frühjahr löwenzahngesprenkelt – die Picknickdecke aus. Der Blick reicht zu den Bergspitzen – Jochberg, Rabenkopf und Benediktenwand. Davor glitzert der Kochelsee.

Bauernhaus

Info

Lage: Das Freilichtmuseum Glentleiten liegt zwei Kilometer südwestlich von Großweil. Von München sind es etwa 65 Kilometer in südlicher Richtung; An der Glentleiten 4, 82439 Großweil, *glentleiten.de*

Einkehr:

- Auf dem Museumsgelände: Glentleitner Wirtschaft & Brauerei; Biergarten am Salettl
- Berggasthof Kreut-Alm: Kreut 1, 82439 Kreut bei Großweil, *kreut-alm.de*

18 Rund um die Thanninger Weiher

Eine einfache kleine Wanderung für jedes Wetter, die gerade auch im Winter besonders schön ist, führt rund um drei stille Waldweiher. Unterwegs locken Picknickplätze und am Ende eine Einkehr im Gasthof.

Winterimpressionen auf der Wanderung

Vom Ausgangspunkt im Weiler Feldkirchen bei Egling läuft man durch den Ort in Richtung Wald. Durch diesen geht es auf einem Wanderpfad immer geradeaus und schließlich bergab. An einer Lichtung führt der Weg zur Linken, einem weißen Pfeil folgend, weiter zu den Seen. Bald schon ist das Ufer des ersten Weihers erreicht.

Ruhig und friedlich liegt er im Wald – im Sommer überzogen von Seerosenmatten. Libellen, Schmetterlinge und Vögel drehen ihre Runden. Auf Wurzelwegen geht es gegen den Uhrzeigersinn auf der Sonnenseite um das Ufer herum, das sich hinter Schilf versteckt. Am anderen Ende des Sees führt der Weg dann geradeaus weiter. Schon bald taucht der zweite See auf. Spricht man auch meist vom Thanninger See – es handelt sich tatsächlich um eine Mini-Seenplatte aus drei hintereinanderliegenden Weihern.

Der Abt von Schäftlarn ließ sie im 18. Jahrhundert anlegen, indem er den Moosbach aufstauen ließ. Gedacht waren sie nicht als romantische Badeplätze, sondern ganz prosaisch als Fischteiche fürs Kloster. Heute sind sie in Privatbesitz, aber immer noch fischreich. Karpfen, Hechte, Zander und Forellen tummeln sich im Wasser, und oft trifft man den ein oder anderen Angler, der sein Glück versucht.

Baden ist offiziell nicht gestattet, weshalb sich an den Thanninger Weihern keine Badegäste tummeln. Im letzten der drei Seen wird schwimmen aber geduldet, sodass einer Abkühlung an warmen Sommertagen nichts im Wege steht.

Immer geradeaus führt der Weg in den Ort Thanning mit seinen bildhübschen Bauernhäusern. Dort biegt man links in die Schmiedbergstraße ab, wiederum links in die Gräfin-Justitia-Straße und bald darauf in die Ötzstraße. Wo diese nach rechts abzweigt, führt der Wanderweg als Wirtschaftsweg geradeaus mit herrlichem Blick auf die Alpenkette. Wenn man in den Wald

Idyllisch zugefrorener Thanninger Weiher

eingetaucht ist, folgt man dem Hauptpfad, den weiße Pfeile markieren. An einer Kreuzung geht es dann rechts, und bald hat man den Waldrand mit Blick auf den Kirchturm von Feldkirchen wieder erreicht. Ein kurzer Abstecher nach rechts führt zu einem idyllischen Picknickplatz mit improvisierter Bank und einem Baumstumpf als Tisch. Bayerische Küche lockt im Gasthof mit Biergarten in Feldkirchen.

Besonders schön ist die kleine Wanderung auch an kalten Wintertagen, wenn Raureif die Pflanzen überzieht und die Seen zugefroren sind.

Brotzeit im Schnee

Info

Lage: Der Thanninger Weiher liegt etwa zwölf Kilometer östlich von Wolfratshausen.

Einkehr:

- Gasthaus Hansch: Feldkirchen 5, 82544 Egling, *gasthofhansch.eatbu.com*

Pfaffenwinkel

Bayersoiener See

Pfaffenwinkel

19. Stoa169: Kunstspaziergang in Polling
20. Zur weltweit bekannten Wieskirche: Wanderung von Steingaden
21. Auf den Hohen Peißenberg: Aussichtskanzel und Wallfahrtsberg
22. Einmal um die Osterseen: Naturparadiese bei Iffeldorf
23. Moorerlebnis Bad Bayersoien: Erlebnispfad, Strandbad und Kiosk am See
24. Kloster Wessobrunn: besonderer Seelenplatz
25. Paterzeller Eibenwald: im Reich der mystischen Bäume
26. Durch die Ammerschlucht zu den Schleierfällen
27. Rund um die Schönegger Käse-Alm: wo Milch und Honig fließen
28. Auf den Spuren des Blauen Reiters: Radtour von Penzberg bis Kochel am See
29. Insel Buchau im Staffelsee: Camping im See
30. Wanderung am Riegsee: durch die bayerische Bilderbuchlandschaft
31. Kunstspaziergang in Murnau
32. Durchs Murnauer Moos: Moorgeflüster

Herrsching A. Ammersee
Starnberg
Thaining
Andechs
Berg
Vilgertshofen
Dießen am Ammersee
Feldafing
2
Wolfratshaus
Pähl
Rott
Tutzing
Münsing
17
24
Kinsau
25
Wessobrunn
Segelflugplatz Peißenberg
Eurasbu
Hohenfurch
Weilheim in Oberbayern
Seeshaupt
21
19
Schongau
22
E533
Peißenberg
Peiting
472
95
Ammer
2
472
Iffeldorf
28
Böbing
Penzberg
23
Obereglfing
27
Habach
472
17
29
30
Benediktbeue
Wildsteig
23
20
26
23
31
32
Murnau A. Staffelsee
28
Saulgrub
Kochel am S
Segelflugplatz Werdenfels
Ohlstadt
11
Unterammergau
2
Oberammergau
Eschenlohe
23
Ettal
Oberau
Farchant
Wallgau
Krün
Garmisch-Partenkirchen
23
Untergrainau
2

19 Stoa169

KUNSTSPAZIERGANG IN POLLING

In Polling öffnete 2020 mit Stoa169 ein einzigartiges Kunstprojekt nach 30 Jahren Planung und sechs Jahren Arbeit. Ein bisschen versteckt liegt es auf einer Wiese an der Amper. Das wollte der Initiator des Kunstprojekts so. Die Besucher sollen nicht zum schnellen Konsum vorfahren, sondern die Sinne auf einem Naturspaziergang erst einmal für die Kunst öffnen. Dann kommt eine offene Säulenhalle ins Bild. Ein Kunstobjekt, das der Pollinger Künstler Bernd Zimmer seinem Heimatort schenkte.

Ein gutes Stück vor den Alpen liegt mit dem Pfaffenwinkel eine echte Seelenlandschaft. Das „Land vor dem Gebirg", träumt ein bisschen verschlafen zwischen den Moränenhügeln der Eiszeiten vor sich hin. Der Name ist hier Programm: Klöster und Kirchen gibt es im Überfluss. Aber auch ein spannendes Ziel für Fans moderner Kunst: Stoa169.

Auf die Idee zu seinem Projekt kam Zimmer auf einer Reise durch Südindien: In den großen Hindutempeln beeindruckten ihn Säulenhallen mit dem Dach als verbindendem Glied. Die Kunst der Welt unter einem Dach als positives Merkmal der Globalisierung – so die Vision des Künstlers. Für Stoa169 konnte Zimmer mehr als 100 renommierte Künstler aus aller Welt gewinnen, die kein Honorar verlangten.

Jede Säule ist ein Unikat. Die Künstler verarbeiteten unterschiedliche Materialien – Holz, Metall, Seile, Knochen. Bernd Zimmer selbst schuf eine Himmelssäule, der Ire

Sean Scully umwickelte seine mit Stahl, der Österreicher Flatz pflanzte eine Platane, deren Baumkrone sich über dem Dach öffnet. Sein Landsmann Erwin Wurm steuerte eine seiner „Gurken" bei, Sinnbilder für die durch männliche Dominanz getriebene Kulturgeschichte. Übergroß schwebende Tropfen zeigt die Säule von Karin Kneffel. Favorit bei den Kindern ist die Klangsäule Kosmo Kalimba, die eine Klasse der Münchner Kunstakademie gestaltete.

Auch zahlreiche Künstler aus Lateinamerika, Afrika, Asien und Ozeanien sind vertreten. Die Säule des Künstlers Kwame Akoto-Banfo aus Ghana prangert Kolonialgeschichte und Sklaverei an. Georges Adéagbo aus Benin schuf eine Plakatsäule. James Gregory Orsto und Margaret Baragurra bringen Aborigenes-Motive aus Australien in den Pfaffenwinkel. Die Tiki-Säule des polynesischen Künstlers Maheatete Huhina wurde

Jede der Säulen …

… ist Werk eines Künstlers.

Die Säulengestaltung ist sehr kreativ, hier mit Skulptur.

nach altem polynesischem Ritual mit einem Kriegstanz in der Südsee verabschiedet, bevor sie auf die Reise nach Bayern ging.

Ein Bummel durch den 3500-Seelen-Ort Polling, durch den sich idyllisch die Ammer schlängelt, rundet den Besuch ab. Im Zentrum überdimensional das Kloster, das der Legende nach Herzog Tassilo III. um 750 n. Chr. als Benediktinerkloster gründete. Später übernahmen die Augustiner-Chorherren. Eine Glanzzeit erlebte das Kloster im 18. Jahrhundert, als Zentrum der katholischen Aufklärung in Bayern. Die erste wissenschaftliche Zeitschrift Bayerns mit Beiträgen zu Astronomie, Chemie, Geschichte und Grammatik gab einer der Klostergelehrten heraus. 80.000 wertvolle Bücher sammelten die Augustiner-Chorherren in ihrer Bibliothek, der zweitgrößten Bayerns. Doch 1803 mit der Säkularisation schloss auch das mächtige Kloster Polling die Pforten, zu besichtigen ist die Kirche.

Auch der Ortskern Polling lohnt einen Besuch.

Info

Lage: Stoa169 liegt am Ammerberg, etwa 1,5 Kilometer südwestlich von Polling, und ist von dort aus über einen Fußweg in 15 Minuten zu erreichen.

Einkehr:

- Alte Klosterwirtschaft: Weilheimer Straße 12, 82398 Polling, *klosterwirtpolling.de*

20 Zur weltweit bekannten Wieskirche

WANDERUNG VON STEINGADEN

Vom Wanderparkplatz in Steingaden sind es ein paar Schritte zum Welfenmünster, das seine Türme über dem Marktplatz erhebt. Sein Inneres spiegelt die Baumoden von der Romanik bis zum Barock wieder. Ein Schatz ist die Marienfigur in der Kapelle neben dem Eingang, wo sich Jakobspilger auch ihren Stempel abholen.

Der Pfaffenwinkel ist eine Landschaft der Kirchen und Klöster, die hier so zahlreich sind wie wohl nirgendwo sonst in Bayern, und traditionsreichen Pilgerwegen. Eine kleine Pilgerrunde führt vom Welfenmünster in Steingaden zur Wieskirche, dem Meisterstück der Gebrüder Zimmermann.

Am Marktplatz hält man sich rechts, kommt an einem Sägewerk vorbei und folgt dem Wegweiser zur Wieskirche, die von hier etwa 4,4 Kilometer entfernt ist. Eine Kastanienallee schlängelt sich zwischen Wiesen hindurch und noch einmal lugen die Türme des mächtiges Münsters hinter einem Hügel hervor. Auf der anderen Seite macht sich das Ammergebirge breit. Auf der asphaltierten, aber wenig befahrenen Straße geht es weiter bis zum Bauernort Litzau. Die bildschönen Bauernhäuser sind höchst fotogen und auf den Weiden blöcken Schafe und meckern Ziegen: Pfaffenwinkler Landidylle.

Weiter geht es durch ein Wäldchen, und bald taucht die Wieskirche schon am Horizont auf. Das

Schild „Ammergauer Meditationsweg" schickt Wanderer gegenüber der Landvolkshochschule auf einen Wanderpfad, der sich zwischen Viehweiden hindurchzieht und direkt auf die Wallfahrtskirche zuführt. Hier ist man ein Stück auf dem Jakobsweg unterwegs. An einem Wallfahrtskreuz lädt eine Bank dazu ein, den Blick auf die Wieskirche in aller Ruhe zu genießen, bevor man sich in den Pilgerrummel stürzt. Auf den beiden Seiten der Zufahrtsstraße zur Kirche warten ganz gegensätzliche Eindrücke: Rechts parken die Reisebusse, und Souvenirshops mit Pilgerkitsch warten auf Kunden. Auf der anderen Seite grasen wie eh und je Kühe auf der Weide, und Bauern brettern auf Traktoren mit Gülletank vorbei. Ein profan-bäuerliches Bild, das an die Ursprünge der Wallfahrt denken lässt. Hier fand man den „Heiland von der Wies".

Auf dem Weg zur Wieskirche: das Welfenmünster in Steingaden

Im Jahr 1738 beobachtete die Wiesbäuerin Maria, wie die ausrangierte und wenig ansehnliche Prozessionsfigur des gegeißelten Heilands echte Tränen vergoss. Das Tränenwunder machte schnell die Runde, und schon bald strömten die Pilger fleißig. Eine neue Kirche musste her. Den Auftrag ergatterten die Gebrüder Zimmermann aus Gaispoint bei Wessobrunn, die beiden Rokokozauberer. Johann Baptist Zimmermann (1680 bis 1758), Stuckateur und Maler,

UNESCO-Welterbe Wieskirche

hatte schon in Schloss Nymphenburg und der Münchner Residenz Wunderwerke aus Stuck und grandiose Fresken geschaffen. Dominikus (1685 bis 1766) war vor allem genialer Architekt. In der Wieskirche vereinten sie ihre Talente und schufen 1746 bis 1752 ihr gemeinsamen Meisterstück.

Ein Raum, der zu schweben scheint: Architektur, Bauplastik und Malerei verschmelzen zu einer Einheit von Farbe und Form. Die Sonnenstrahlen bringen die Engel zum Tanzen und den Raum zum Schwingen. Mittendrin die schlichte und anrührende Christus-Figur, die Menschen aus aller Welt verehren. Der „Himmel der Wies" scheint sich in Gelb und Blau über dem Betrachter zu wölben. Im Mittelpunkt des Deckengemäldes – auf einem Regenbogen thronend – der auferstandene Jesus Christus.

„Himmel der Wies"

Verlässt man die Kirche durch den Seiteneingang, blickt man direkt auf die majestätischen Ammergauer Alpen. Der Gasthof Schwaiger, der gute Küche direkt vor der Kirche serviert, lädt zur Pause ein. Hier lebte Dominikus Zimmermann bis zu seinem Tod.

Nach Überquerung der Straße hält man Ausschau nach dem Wegweiser zum Brettleweg, der auf Bohlen durch die Moorlandschaft führt. Er beginnt hinter einem Bauernhof. „Brettle", auf denen man ein bisschen balancieren kann, führen durchs Wiesfilz. Birken und Krüppelkiefern überall, das Heidekraut blüht lila im Spätsommer. Eine verwunschene, melancholische Landschaft. Viel zu schnell ist das Vergnügen vorbei. Nach wenigen hundert Metern steht man schon wieder im Wald. Weiter führt der Weg zwischen Farnen und überwucherten Baumstämmen hindurch, den moorige Bäche mit lautem Geplätscher durchkreuzen. Bald ist Steingaden ausgeschildert.

Auf dem Brettleweg

Bevor es ins Ortszentrum und zurück zum Parkplatz geht, lockt die Einkehr in der Schönegger Käse-Alm. Hier kann man sich eine Brotzeit mit Käse und Räucherfisch selbst zusammenstellen und im Garten genießen. Dann ist das Welfenmünster auch schon wieder erreicht, und im Klostergarten kann man die Tour zwischen duftenden Kräutern auf einer Bank ausklingen lassen.

Info

Lage: Die Wieskirche liegt etwa fünf Kilometer südwestlich der Ortschaft Steingaden; Wies 12, 86989 Steingaden, *wieskirche.de/de*. Ausgangspunkt der Wanderung: Wanderparkplatz in der Kissinger Straße in Steingaden.

Aktivitäten:

- Wanderung: elf Kilometer, 150 Höhenmeter, 2,5 bis drei Stunden; Rundwanderung
- Welfenmünster Steingaden: Marktplatz 12, 86989 Steingaden, *steingaden.de/tourismus-kultur/sehenswuerdigkeiten/welfenmuenster*

Einkehr:

- Gasthof Schwaiger: gegenüber der Wieskirche, Wies 9, 86989 Steingaden, *gasthof-schweiger-wieskirche.de*
- Schönegger Käse-Alm: Füssenerstraße 27, 86989 Steingaden, *schoenegger.com/kaese-almen/steingaden-fischerhaeusl*

21 Auf den Hohen Peißenberg

AUSSICHTSKANZEL UND WALLFAHRTSBERG

Der Hohe Peißenberg ist die höchste Erhebung im Pfaffenwinkel und der geografische Mittelpunkt der Region. Außerdem ein Aussichtspunkt mit grandiosem Alpenpanorama, ein viel besuchtes Pilgerziel und für nicht wenige Besucher ein echter Kraftplatz. Viele Gründe für einen Ausflug zum Hohen Peißenberg.

Blick auf Hohenpeißenberg

Den aussichtsreichen Bergrücken erreicht man problemlos mit dem Auto. Schöner ist es, ihn zu erwandern. Ausgangspunkt ist das Bergbaumuseum Peißenberg, von wo aus sich der Wanderweg durch ehemaliges Bergbaugelände schlängelt. Teilweise ist man auf dem Stollenweg unterwegs, der Einblick in die Bergbaugeschichte der Region gibt. So passiert man gleich zu Beginn der Wanderung den (geschlossenen) Zugang zum Mittelstollen, wo Bergleute noch bis 1971 Kohle abbauten. Wer weiter in die Bergbaugeschichte eintauchen will, besucht vor oder nach der Wanderung das Bergbaumuseum.

Nun geht es stetig bergauf durch den Wald, bis man einen Weiler erreicht und sich das Alpenpanorama erstmals zeigt. Im weiteren Verlauf kann man sich am Sendeturm des Hohen Peißenbergs orientieren, den man rechts liegen lässt. Dann direkt weiter zur Wallfahrtskapelle Mariä Himmelfahrt, der gegenüber mit dem Rigi ein bekanntes Gasthaus mit berühmter Aussichtsterrasse liegt. Wer dort keinen Platz mehr ergattert, kann sich nebenan beim Kramer mit hausgemachten Kuchen oder Brotzeiten eindecken. Die schmecken auf der Kirchenmauer, die der heilige Jakobus – aus Holz geschnitzt – bewacht, besonders gut.

Jakobspilger

Der Blick auf die Kette der Bayerischen Alpen von der Kampenwand im Chiemgau bis zum Grünten im Allgäu ist ganz großes Landschaftskino. Ausgiebig den Ausblick genossen? Dann muss natürlich eine Blick in die Wallfahrtskirche sein, die mit der älteren Gnadenkapelle aus dem frühen 16. Jahrhundert eine Doppelkirche bildet. Aus der Schlosskapelle Schongau fand damals eine hölzerne Muttergottes-Figur den Weg in die Kapelle, die Gläubige bald als Gnadenbild verehrten. Die Wallfahrt auf den Peißenberg war geboren. Weil die Kapelle bald zu klein wurde, entstand 100 Jahre später die größere Wallfahrtskirche, die man einfach anbaute.

Nach dem Kunstgenuss geht es weiter, vorbei am Meteorologischen Observatorium Hohenpeißenberg, in dem seit dem späten 18. Jahrhundert Wetterbeobachtungen durchgeführt werden. Es gilt als älteste Bergwetterstation der Welt. Nun taucht man wieder in den Wald ein. Sobald dieser sich öffnet, wendet man sich nach links.

Beim Wegkreuz kann man den direkten Weg zurück nach Peißenberg nehmen. Wer Lust auf mittelalterliche Kunst hat, folgt dem Wegweiser zur Kapelle St. Georg mit wunderbaren mittelalterlichen Fresken, die in 50 Bildern die Georgslegende erzählen. Den Schlüssel zur Kapelle holt man sich beim Bauern nebenan. Weiter geht es auf einem Treppenpfad bergab, bis der Ort erreicht ist. An den Bahngleisen entlang geht es zum Ausgangspunkt zurück.

Meteorologisches Observatorium

Lage: Der Hohe Peißenberg liegt etwa zehn Kilometer östlich von Peiting; Ausgangspunkt der Wanderung: Bergbaumuseum Peißenberg

Info

Aktivitäten:

- Wanderung: 10,75 Kilometer, 381 Höhenmeter, drei bis 3,5 Stunden
- Bergbaumuseum Peißenberg: Tiefstollen 2, 82380 Peißenberg, *peissenberg.de/tourismus/museen*

Einkehr:

- Café-Restaurant Bayerischer Rigi: Matthäus-Günther-Platz 2, 82383 Hohenpeißenberg, *bayerischer-rigi.de*

22 Einmal um die Osterseen

NATURPARADIESE BEI IFFELDORF

Die Osterseen südlich vom Starnberger See – Relikte der Würmeiszeit – sind Ganzjahresschönheiten, die man am besten mit Wanderschuhen erkundet. Zu allen Jahreszeiten eine schöne Runde.

Badestelle am Großen Ostersee

Als der Isar-Loisach-Gletscher am Ende der letzten Eiszeit schmolz, hinterließ er eine Landschaft, die gespickt war mit sogenannten Toteislöchern. In Vertiefungen blieben Eisblöcke zurück, die – geschützt durch Geröll – nur langsam abtauten. Die Kessel füllten sich mit Schmelz- und Grundwasser und ließen ein Seengeflecht aus rund 20 Seen und Teichen inmitten einer Moorlandschaft entstehen. Sie sind heute geschützte Naturräume, an denen Libellen, Amphibien und Wasservögel leben. Trotzdem gibt es inmitten der Naturidylle ein paar wenige Badeplätze, sodass im Sommer Badezeug in den Rucksack gehört.

Am Wanderparkplatz Iffeldorf beginnt die Rundwanderung, die auf einem Feldweg zunächst an saftigen Weiden und Schilf vorbeiführt. Es folgt ein Stück auf der Teerstraße in Richtung Lauterbach. Auf Höhe von Gut Schwaig biegt man nach rechts auf den Lauterbacher Seeweg ab, der durch Wald und Wiesen führt und herrliche Blicke auf den Großen Ostersee mit seinen Inseln und Buchten freigibt.

Bald erreicht man ein prächtiges Seegrundstück, das an ein Wellnesshotel erinnert, aber Wanderern verschlossen bleibt. Es gehört zur Privatklinik Lauterbacher Mühle, die man rechts lie-

Blütenpracht am Ufer

gen lässt. Der Weg führt nun über die Zubringerstraße zur Klinik, bis zur Rechten ein Weg abzweigt. Der See mit seinem breiten Schilfgürtel, in dem Vögel nisten, Grün- und Wasserfrösche, Erdkröten und Bergmolche leben, rückt näher. Im Frühjahr und Sommer blühen Primeln und Orchideen. Bald ist ein Aussichtspunkt erreicht, wo man an klaren Tagen Fernblick auf Heimgarten, Herzogstand und Benediktenwand hat.

Nach etwa 500 Meter Fußweg erreicht man eine der wenigen Badestellen an den naturgeschützten Osterseen, wo man schwimmen und entspannen kann. Weiter läuft man dem „Rundweg Osterseen" folgend am Wasser entlang bis zum Abzweig „5", der zum Fohnsee führt. Dort locken noch einmal Badefreuden. Auf einer Holzbrücke überquert man den Wasserlauf, der Staltachersee zur Linken und Fohnsee zur Rechten verbindet. Am Fohnsee liegt ein Campingplatz mit Liegewiese und Badestelle sowie eine nette Einkehr: das Fohnseestüberl.

Auf dem Fohnseeweg, der in die Osterseestraße mündet, geht es weiter zurück zum Ausgangspunkt der Wanderung. Durch eine Siedlung und am kleinen Sengsee vorbei verläuft der Weg unterhalb der St.-Vitus-Kirche, neben der der Landgasthof Osterseen liegt, und schon bald ist der Parkplatz erreicht.

Schilfgürtel am Großen Ostersee

Info

Lage: Die Osterseen liegen etwa vier Kilometer, Iffeldorf liegt ca. acht Kilometer südlich von Seeshaupt am Starnbergersee.

Aktivitäten:

- Wanderung: einfacher Rundwanderung auf Wald- und Wiesenpfaden und kurzen Abschnitten auf Teerstraßen. Ganzjährig begehbar; lange Variante: zwölf Kilometer, 40 Höhenmeter, drei Stunden; für die 4,4 Kilometer kurze Variante biegt man bei der blauen Gumpe rechts ab und kommt am Badeplatz am Fohnsee und am Fohnseestüberl vorbei.

Einkehr:

- Landgasthof Osterseen: Hofmark 9, 82393 Iffeldorf, *landgasthof-osterseen.de*
- Fohnseestüberl am Badegelände: Fohnseeweg 30, 82393 Iffeldorf, *fohnsee.de*
- Osterseelchen: Kiosk am Iffeldorfer Wanderparkplatz

23 Moorerlebnis Bad Bayersoien

ERLEBNISPFAD, STRANDBAD UND KIOSK AM SEE

Bevor man sich ins moorige Vergnügen stürzt, kann man nach Lust und Laune zur Kriegergedächtniskapelle aufsteigen. Auf einem Hügel liegend ist sie nicht zu übersehen. Sie ist nicht alt und ehrwürdig, aber ein toller Aussichtsplatz oberhalb des Ortes mit Blick auf den Soier See. In der Ferne grüßen Jochberg, Rabenkopf, Heimgarten. In der Nähe recken sich Notkarspitze, Sonnenberg, Hennenkopf und Brunnenkopf in den Himmel. Nach dem Auftakt mit Aussicht geht es geradewegs zum See.

Bad Bayersoien ist im allerbesten Sinne verschlafen – ein kleiner Moorkurort, wo das Leben noch seinen geruhsamen Gang geht. Hier dreht sich nicht alles, aber doch vieles ums Bergkiefernhochmoor – wertvolles Heilmittel, aber auch Aufhänger für einen Erlebnisweg. Danach lockt im Sommer die Badepause im Moorsee.

Es kann übrigens sein, dass dem ein oder anderen Bad Bayersoien bekannt vorkommt. Es ist nämlich Drehort der Fernsehserie „Marie fängt Feuer", die seit 2016 im ZDF läuft. Jahr für Jahr wird seither während der Dreharbeiten aus Bad Bayersoien die Gemeinde „Wildegg".

Bad Bayersoien ist stolz auf seine Hochmoore, die wichtig für Klima-, Hochwasser-, und Artenschutz sind. Begrenzt wird das wertvolle Naturprodukt für den Kurbetrieb genutzt, aber die Moorflächen sind vor allem Attraktionen für Besucher, denen man den Schatz der Natur nahebringen will.

Am Ufer angekommen, läuft man im Uhrzeigersinn um den See herum. Der Weg ist eben und kein bisschen anstrengend, außerdem barrierefrei. Ohne Pause ist man rund eine halbe Stunde unterwegs. In der Regel aber natürlich länger, denn es gibt viel zu entdecken.

Im Moor

Der Barfußpfad und Moorerlebnisweg macht Erwachsenen genauso viel Spaß wie Kindern. Man stapft an einer Moortretstelle knietief durchs Moor, balanciert an anderen Stellen über Bohlen und Baumstämme und kann sich auf Liegestühlen am Ufer zum Naturkino niederlassen. Der weiche Boden federt unter den Füßen, das Moor balsamiert die Haut, der Ausblick ist von allen Seiten herrlich. Ein Spazierweg für alle Sinne!

Gesund: Bewegung im Moortretbecken

Links vom See liegt der Natur-Kurpark mit Klima-Liege-Pavillon inklusive Bibliothek, der auch einen Abstecher lohnt. Eine weitere Attraktion ist das Kreuzottern-Biotop. Den scheuen Giftschlangen sollte man nicht zu nah auf die Pelle rücken, aber manchmal kann man sie aus der Ferne beim Sonnenbaden beobachten.

Hat man die Hälfte des Weges zurückgelegt, ragt der Kirchturm von St. Georg mit seiner spitz zulaufenden Zwiebel fotogen hinter dem See auf. Dann ist auch schon das Strandbad erreicht mit dem Fischerhäusl, einem urigen kleinen Kiosk mit Biergarten direkt am See. Dort kann man sich mit kleinen Gerichten und hausgemachten Kuchen stärken. Auf den Liegewiesen am See kann man sich ausstrecken und entspannen oder die Badesachen aus dem Rucksack kramen. Der Soier See gehört zu den wärmsten Badeseen Südbayerns und lockt schon im Mai zum Baden. Wunderbar, wie das seidenweiche Moorwasser der Haut schmeichelt!

Bayersoien

Info

Lage: Bad Bayersoien liegt etwa 15 Kilometer südöstlich von Peiting. Ausgangspunkt für die Wanderung ist die Kapelle in der Straße Brandstatt, 82435 Bad Bayersoien.

Aktivitäten:

- Erlebnisweg: zwei Kilometer, 30 Minuten

Einkehr:

- Fischerhäusl am Soier See: Seeweg 104 ½, 82435 Bad Bayersoien

24 Kloster Wessobrunn

BESONDERER SEELENPLATZ

Eine Voralpenidylle mit Wiesen, Weiden und glitzernden Seen, behütet von den Bergen am Horizont: der Pfaffenwinkel. Mittendrin setzen unzählige Kirchen und Klöster Akzente. Ein besonderer Seelenplatz: Kloster Wessobrunn mit der berühmten Tassilolinde.

Im Pfaffenwinkel entstanden im frühen Mittelalter in nächster Nähe zahlreiche Klöster – Männer- und Frauenkonvente wie Benediktbeuern, Schlehdorf und Polling. Und Kloster Wessobrunn. Drei mächtige Linden grüßen auf dem Dorfplatz des gleichnamigen Ortes. Vor der sogenannten Gebetslinde steht eine in Stein gemeißelte Kopie des Wessobrunner Gebets – ein Meilenstein deutscher Sprachgeschichte aus dem späten 8. Jahrhundert, den Mönche in der Bibliothek von Kloster Wessobrunn jahrhundertelang hüteten.

Gebetstein

Ein fünfzehnminütiger Spaziergang führt am Kloster vorbei zur berühmtesten Linde: die Tassilolinde. Der Legende nach musste Tassilo III., der letzte bayerische Agilolfinger-Herzog, im Jahr 753 auf der Jagd eine Nacht im Wald verbringen. Im Traum sah er eine Quelle, deren Wasser in vier Richtungen floss. Eine Leiter, an der Engel auf- und niederstiegen, führte Stufe für Stufe zum Himmel. Tassilo ließ nach der Quelle suchen, und tatsächlich fand sein Jagdgefährte Wezzo ganz in der Nähe Quellen in Kreuzesform. Der Herzog deutete dies als Wink des Himmels und ließ dort Kloster Wessobrunn errichten.

Tassilolinde

Quelle

An den vermeintlichen Klostergründer erinnert die Linde mit seinem Namen. Ob der Herzog hier tatsächlich vor rund 1200 Jahren nächtigte? Ein Baum-Methusalem ist die Tassilolinde ganz sicher – und ein Unikat mit mehreren Stämmen, innen hohl und begehbar. Auf dem Weg zurück zum Kloster läuft man am Brunnenhaus vorbei, wo sich Fische in zwei Becken tummeln. Seine drei Bögen erinnern an die drei Quellen, die der treue Wezzo hier entdeckt haben soll.

Grauer Herzog

An die mittelalterlichen Wurzeln des Klosters erinnert in Wessobrunn heute nur noch der „Graue Herzog", der Glockenturm der ehemaligen Klosterkirche. Das Kloster bekam zur Barockzeit ein neues Gesicht und wurde wie andere Klöster nach der Säkularisation 1803 verlassen. Erst Anfang des 20. Jahrhunderts zogen Missions-Benediktinerinnen aus Tutzing ein und füllten die ehrwürdigen Räume wieder mit Leben, bis sie zu alt und zu schwach waren, um das Kloster weiter zu führen – und zu finanzieren.

Mit der Naturkosmetik-Unternehmerin Martina Gebhardt fanden sie die ideale Käuferin, die den Geist des Klosters in die Moderne führte. Gebhardt sanierte die historischen Räumlichkeiten behutsam und mit viel Sachverstand. So wird hier seit einigen Jahren Naturkosmetik verkauft, verpackt, vermarktet. Seit 2022 auch produziert. Zum Beispiel die Tassilo-Creme, die nach den Blüten der Klosterlinden duftet.

Kloster mit Klostergarten und Brunnen

Im Rahmen von Führungen kann man Teile des Klosters besuchen. Jeder Winkel im Kloster erzählt Geschichte(n). Wie die Stuckverzierungen im Fürstentrakt, die für die Blütezeit des Klosters im 17./18. Jahrhundert stehen, als Wessobrunn das bedeutendste Stuckatorenzentrum Europas war. Martina Gebhardt schuf außerdem ein kleines Museum mit einer historischen Klosterapotheke.

Info

Lage: Das Kloster Wessobrunn liegt elf Kilometer nordwestlich von Weilheim in Oberbayern; Klosterhof 4, 82405 Wessobrunn

Aktivitäten:

- Klosterführungen durch den Fürstentrakt mit seinen weltberühmten Stuckaturen; *www.martina-gebhardt-naturkosmetik.de* oder *klosterwessobrunn.de*
- Klosterladen mit Naturkosmetik, *mg-naturkosmetik.de*

Einkehr:

- Gasthof zur Post: Zöpfstraße 2, 82405 Wessobrunn, *post-wessobrunn.de*

25 Paterzeller Eibenwald

IM REICH DER MYSTISCHEN BÄUME

Eine schöne kleine Runde durch den ältesten Eibenwald Deutschlands, ein lebendiges Denkmal für einen besonderen Nadelbaum, der fast ausgestorben ist.

Wegweiser für die Wanderung

Am Wanderparkplatz oder am Parkplatz des Landgasthofs Eibenwald beginnt und endet der Spazierweg durch den Paterzeller Eibenwald, eines der ältesten deutschen Naturschutzgebiete. Seit 1913 kann er sich mit dem Titel „Staatliches Naturdenkmal" schmücken. Der Rundweg ist auch ein Lehrpfad, denn unterwegs laden mehrere Stationen zum Rätseln ein und vermitteln auf unterhaltsame Weise Wissen über die geheimnisvollen Nadelbäume, die hier die Hauptrolle spielen. Einfach den Hinweisschildern zum Rundweg folgen.

Die rund 2300 Eiben im Paterzeller Eibenwald sind ein botanischer Schatz, den es zu hüten gilt. Sie werden bis zu 1000 Jahre alt, sind aber keine Riesen. Auf einer Größe von etwa 120 Fußballfeldern ducken sich die Eiben im Paterzeller Eibenwald unter anderen Nadelhölzern und hochgewachsenen Buchen. Dabei kommt ihnen zugute, dass sie Schattengewächse sind und wenig Licht zum Leben brauchen.

Auf dem Eiben-Rundweg

Die Eiben mit ihrer charakteristisch roten Rinde stehen auf der Roten Liste der gefährdeten Arten und sind heutzutage in deutschen Wäldern selten anzutreffen, weil sie im Mittelalter heiß begehrt waren. Das Holz – hart und elastisch zugleich – eignete sich vorzüglich für den Bau von Kriegswaffen wie Armbrüsten und Langbogen. Kein Wunder, dass die Bäume in Oberbayern schon um 1600 fast ausgerottet waren. In Paterzell gedeihen die Eiben besonders gut, weil die Böden kalkhaltig sind. Und für Nachwuchs wird gesorgt: 5000 bis 6000 junge Bäume hat man in den letzten Jahren gepflanzt.

Der mystischen Atmosphäre des Eibenwalds kann sich wohl kaum ein Besucher entziehen. Wenig verwunderlich, dass der Baum für unsere Vorfahren kultische Bedeutung hatte. Germanen und Kelten verehrten ihn als Begleiter in die Anderswelt. Druiden hielten Rat unter Eiben. Die Germanen nutzten die Zweige, um Dämonen und bösen Zauber abzuwehren. Doch allzu nah sollte man den mystischen Bäumen nicht kommen: Die Eibe ist der einzige bei uns heimische Nadelbaum, dessen Teile fast alle bis auf das Fruchtfleisch der leuchtend roten Beeren das giftige Taxin enthalten.

Wald-Idylle

Der Weg durch den Eibenwald ist aber nicht nur ein Spaziergang durch ein Raritätenkabinett. Er ist auch ein Genuss für alle Sinne. Der Rundweg führt über federnden Waldboden, vorbei an plätschernden Bächen – mit Nadelduft in der Nase und dem Trällern der Vögel im Ohr der reine Genuss. Ein Ort, der perfekt zum Loslassen und Krafttanken ist.

Noch ein Stückchen weiterlaufen? Nach Lust und Laune kann man einen Abstecher zum Zellsee anhängen. Ab 1414 diente das Gewässer, in dem man heute wie damals Fische züchtet, der Versorgung des nahen Klosters Wessobrunn. Heute sind See und Umland auch Vogelschutzgebiet, das Betreten der Ufer und das Baden ist nicht gestattet. Zur Einkehr lädt der Landgasthof „Zum Eibenwald" ein.

Kultbaum für Germanen und Kelten: die Eibe

Info

Lage: Der Paterzeller Eibenwald liegt etwa 4,5 Kilometer südöstlich von Wessobrunn und etwa neun Kilometer westlich von Weilheim in Oberbayern. Ausgangspunkte der Wanderung: der Wanderparkplatz kurz hinter dem Abzweig nach Paterzell oder der Parkplatz am Landgasthof „Zum Eibenwald"

Einkehr:

- Landgasthof Eibenwald: Peißenberger Straße 11, 82405 Wessobrunn, *landgasthof-eibenwald.de*

26 Durch die Ammerschlucht zu den Schleierfällen

Auf der Dorfstraße von Bad Bayersoien folgt man dem Hinweisschild zur Soier Mühle und biegt am Marienbrunnen links in die Ludwigstraße ein. Hinter einer Brücke geht es rechts, dem Wegweiser „Ammerschlucht, 35 Minuten" folgend. Bald biegt der Weg nach links ab, und der Wanderweg Soiermühle/Schleierfälle ist ausgeschildert. Ein geschotterter Wirtschaftsweg schlängelt sich angenehm mit Blick in die Ammergauer Berge durch die Wiesen, bis ein schmaler Wanderpfad nach rechts in Richtung Soier Mühle abzweigt. Zunächst durch den Wald, dann über eine Wiese geht es dem Rauschen der Ammer entgegen. Ein Wurzelweg führt schließlich, teilweise auf Treppenstufen, stetig bergab.

Durchs wildromantische Tal der Ammer führt eine abwechslungsreiche Wanderung – vorbei an den Schleierfällen, wo Wassertropfen wie Glasperlen fotogen hinabrieseln. Sie beginnt und endet im beschaulichen Kurort Bad Bayersoien.

Die Ammerschlucht wurde nach der Eiszeit durch Wassermassen der abschmelzenden Gletscher ausgegraben. Auf steilen Felsen, Uferabbrüchen und Kiesbetten finden viele Tier- und Pflanzenarten ideale Bedingungen vor. Aber auch das Totholz am und im Fluss ist wichtiger Lebens- und Schutzraum für Vögel und Fische. Ein kleines Naturparadies also.

An der Soier Mühle

Auf einer hölzernen Brücke geht es über den Fluss. Gleich dahinter liegt die alte Soier Mühle, die sich idyllisch ins Ammertal duckt und heute in Privatbesitz ist. Daneben ein munter plätschernder, von Pflanzen überwucherter Bach, der in die Ammer mündet, neben einem bemoosten Tuffsteinwasserfall. Ein schönes Fotomotiv.

Auf dem Wildsteig geht es dann bergauf, vorbei an bemoosten Hügeln, in den Buchenwald. Auf Bohlenwegen überquert man kleine Bäche, die der Ammer entgegen fließen, und zwischen Moosen und Farnkraut fühlt man sich wie im Zauberwald. Zwischendurch lässt sich immer wieder die Ammer blicken, die türkisblau durchs Tal rauscht.

Wegweiser sind unterwegs Mangelware, aber rote Wanderpunkte an Bäumen markieren hin und wieder den Wanderweg. Im Zweifelsfall bleibt man auf dem Hauptpfad. Zwischendurch geht es

Schleierfälle

ein paarmal abwärts zur Ammer. Im Kiesbett finden sich schöne Picknickplätze, wo man auch die Füße im Fluss baden kann. Über Stock und Stein und teilweise auf hölzernen Stufen geht es anschließend dann wieder bergauf.

Erreicht man eine Bank, weist am Baum ein Schild zu den Schleierfällen, die nun nicht mehr weit sind. Aber zuvor geht es noch einmal zum Ammerbett hinab und wieder hangaufwärts. Bald ist eine Weggabelung erreicht, wo ein Schild nach rechts zum Meditationsweg weist. Zunächst wartet jedoch zur Linken ein Höhepunkt der Wanderung: die Schleierfälle. Der Name ist Programm: Einem Schleier gleich rieselt das Wasser über bemooste Stufen, die sich im Laufe der Zeit aus dem im Wasser gelösten Kalk gebildet haben, in die Ammer. Die Schleierfälle sind als Naturdenkmal geschützt und haben Schutz auch nötig, denn die Mooskissen-Landschaft ist empfindlich.

Von den Wasserfällen geht es auf dem gleichen Pfad zurück zur Weggabelung. Dort hält man sich links und stößt auf den Meditationsweg in Richtung Saulgrub, der zum Kraftwerk Kammerl führt. Das historische Bahn-Wasserkraftwerk, 1897 bis 1899 erbaut, ist heute ein Industriedenkmal. Es wurde erbaut, um erstmals in Deutschland eine Bahnlinie elektrisch mit Drehstrom betreiben zu können. Von 1904 bis zu seiner vorübergehenden Stilllegung 2012 erzeugte es Bahnstrom für die Strecke Murnau-Oberammergau.

Weiter geht es über die Ammerbrücke und einen stets gut besuchten Parkplatz. Wer Lust auf einen Abstecher hat, erreicht auf einem gut ausgeschilderten Pfad den Ammerdurchbruch Scheibum. Rund zehn Minuten geht es am Wasser entlang zum Aussichtsplatz beim Felsdurchbruch in der Ammerschlucht, wo schroffe Felswände auf türkisfarbenes Wasser treffen.

Überall sind Mooskissen zu sehen.

Zurück am Parkplatz geht es auf der Asphaltstraße steil bergauf, dem Wegweiser nach Achele folgend. Gut Acheleschwaig war im 17. Jahrhundert der größte Klosterbetrieb von Kloster Ettal, heute ist es ein landwirtschaftlicher Familienbetrieb mit Wirtshaus, Hofladen und der hübschen kleinen Acheler Hofkapelle.

Nach einer Pause geht es gestärkt auf dem Acheleschwaig zunächst geradeaus, bis ein Weg links nach Bad Bayersoien abzweigt. Der Pfad schlängelt sich die letzte halbe Stunde durch Kuhweiden, Blumenwiesen, Felder und Wäldchen, immer leicht bergauf und bergab. An einer Kreuzung nimmt man den Weg nach rechts und kann nach einer Weile schon den Kirchturm von Bad Bayersoien erspähen. Im Sommer lockt der Soier See zur Badepause.

Tierische Begegnung

Ammerschlucht

Info

Lage: Die Ammerschlucht im Bereich der Scheibum liegt etwa vier Kilometer südlich von Bad Bayersoien. Ausgangspunkt der Wanderung: Parkplatz In der Brandstatt, Brandstatt, 82435 Bad Bayersoien

Aktivitäten:

- Wanderung: 14,6 Kilometer, 300 Höhenmeter, 4,25 Stunden; Rundwanderung. Trittsicherheit ist gefordert, Wanderschuhe gehören zur Ausrüstung. Wanderstöcke sind dagegen eher hinderlich. Die Tour ist ideal zwischen April und Oktober, nach Regenfällen sind manche Passagen allerdings rutschig. An kalten Wintertagen sind die Schleierfälle wegen ihrer Eisformationen besonders attraktiv, der Weg durch den Wald ist aber möglicherweise vereist. Dann nähert man sich den Wasserfällen am besten auf einem Spaziergang vom Parkplatz in Achele aus.
- Kraftwerk Kammerl: Kammerl 1, 82442 Saulgrub, *historisches-bahnwasserkraftwerk-kammerl.de*

Einkehr:

- Wirtshaus Acheleschwaig: Acheleschwaig 1, 82442 Saulgrub, *acheleschwaig.de*

27 Rund um die Schönegger Käse-Alm

WO MILCH UND HONIG FLIESSEN

Es ist nicht alles Käse in Bayern, aber Käse spielt in einer Region mit vielen Kühen natürlich eine Hauptrolle. Zum Beispiel auf einer Käsealm, die Ausgangspunkt für lehrreiche Wege rund um Milch, Honig und Äpfel ist. Anschließend lockt ein Käsebrett im Biergarten.

Die hölzerne Variante ...

In Schönegg bei Rottenbuch führt rund um die Schönegger Käse-Alm mit Käseladen, Schaukäserei und Biergarten der Pfaffenwinkler Milchweg mit zehn Stationen. Der gemütliche Spazierweg (4,2 Kilometer), ist ein Lehrweg, der interessante Fakten zum Produkt Milch vermittelt. Das Kuhsymbol leitet die Spaziergänger, verlaufen kann man sich nicht. Der Weg ist asphaltiert und damit auch für Kinderwagen geeignet.

Eltern wie Kinder erfahren, woher Futter und Wasser fürs Vieh kommen, wie die Arbeit der Bauern aussieht, wie die Milch vom Kuhstall bis zur Ladentheke kommt und was man aus Milch so alles machen kann. Natürlich lässt sich zwischendurch auch die ein oder andere Kuh auf der Weide blicken. Auch die alternativen Milchlieferanten – Schaf und Ziege – kommen ins Spiel. Was unterscheidet ihre Milch von Kuhmilch? Und welche Rolle spielen eigentlich die Kälbchen?

Unterwegs ist natürlich auch etwas fürs Auge geboten, es geht vorbei an prächtigen Bauernhöfen und durch die grüne Pfaffenwinkler Hügellandschaft mit dem Hohen Peißenberg als Landmarke. Zwischendurch lugt – typisch Pfaffenwinkel – natürlich auch ein Kirchturm hinter den Hügeln auf: der Turm der Klosterkirche Rottenbuch.

Um sie dreht sich alles auf dem Milchweg.

An den zehn Stationen gibt es Erklärungstafeln und Erlebnisse, die Erwachsenen und Kindern Spaß machen: Beim Riesenmemory oder Quiz kann man sein Wissen beweisen und beim Melken der geduldigen Plastikkuh Fingerspitzengefühl.

Jüngst hat der Milchweg Zuwachs bekommen. Im Frühsommer 2022 eröffneten gleich drei weitere Themenwege. Der Apfelweg stellt alte Apfelsorten wie „Roter Erpftinger", „Himbsels Rambur", „Kesseltaler Streifling" und andere vor, die in der Region einst beliebt waren, aber in Vergessenheit gerieten. Zehn verschiedene Apfelsorten, die aus der Region stammen, wurden wieder gepflanzt; ein Beitrag zum Erhalt der alten Sorten. Neu sind außerdem ein Bienen- und ein Wild-Lehrpfad. Zwei majes-

Bank mit Botschaft

tätische Rothirsche samt Weibchen zogen in großzügige Gehege ein. Wer das nicht alles an einem Tag schafft, hat Gründe zum Wiederkommen.

Doch zurück zum Käse: Wer schon immer wissen wollte, wie aus bester Heumilch köstlicher Käse wird, sollte beim Schaukäsen vorbeischauen. Die Käsemeister demonstrieren am Kupferkessel wie es geht. Sie verraten die Geheimnisse des Käsens anschaulich und kompetent und es darf natürlich probiert werden.

Für Kinder gibt es auf der Käse-Alm einen Spielplatz und ein Kleintiergehege mit Bergziegen, Ponys, Hasen und anderen Kleintieren. Die Eltern oder Großeltern können nach dem Spaziergang nach Lust und Laune noch das ein oder andere Stück Käse einkaufen, und für die ganze Familie lockt eine Brotzeit im Biergarten.

Schöner Blick vom Milchweg

Info

Lage: Die Schönegger Käse-Alm liegt etwa fünf Kilometer nordwestlich von Bad Bayersoien; Schönegg 6, 82401 Rottenbuch

Aktivitäten:

- Milchweg: 4,2 Kilometer, 70 Höhenmeter, ein bis zwei Stunden; *schoenegger.com/schoenegg/milchweg*

Einkehr:

- Schönegger Käse-Alm: Schönegg 6, 82401 Rottenbuch, *schoenegger.com/schoenegg*

28 Auf den Spuren des Blauen Reiters

RADTOUR VON PENZBERG BIS KOCHEL AM SEE

Ausgangspunkt für die Tagestour ist Penzberg, die alte Bergwerksstadt im Pfaffenwinkel. Nicht reine Idylle wie andere Orte in Oberbayern, aber ein Ort mit spannenden neuen Akzenten im Stadtbild. Das Stadtmuseum in einem charakteristischen Bergarbeiterhaus des 19. Jahrhunderts erhielt vor einigen Jahren einen modernen Anbau mit dunkler Klinkerfassade. Im Mittelpunkt der Dauerausstellung steht die Sammlung Campendonk.

Die Maler der Künstlervereinigung Blauer Reiter wie Gabriele Münter, Wassily Kandinsky oder Franz Marc schufen farbstarke Werke im Pfaffenwinkel. Eine Radtour führt zu kleinen Schätzen zwischen einem spannenden neuen Museum in Penzberg sowie Sindelsdorf und Kochel am See, wo Franz Marc im Mittelpunkt steht.

1911 war der Rheinländer Heinrich Campendonk (1889 bis 1957) der Einladung von Marc und Kandinsky nach Oberbayern gefolgt. Er wurde das jüngste Mitglied der Künstlergruppe Blauer Reiter, die sein Werk entscheidend prägte. 1911 bis 1916 lebte er in Sindelsdorf, bis 1922 in Seeshaupt, bevor es ihn zurück ins Rheinland zog. Als Einziger in der Freundesclique verarbeitete Campendonk während seiner Zeit in Oberbayern mehrfach Motive aus der Bergarbeiterstadt Penzberg.

Eine weitere Station für Liebhaber moderner Architektur in Penzberg ist das Islamische Forum, wie das Museum architektonisch ein Hingucker. Spannend ist die Fassade der Moschee aus blauem Glas, flankiert von einem durchbrochenen Stahlminarett. Das Werk des Augsburger Architekten Alen Jasarevic erhielt mehrere Auszeichnungen.

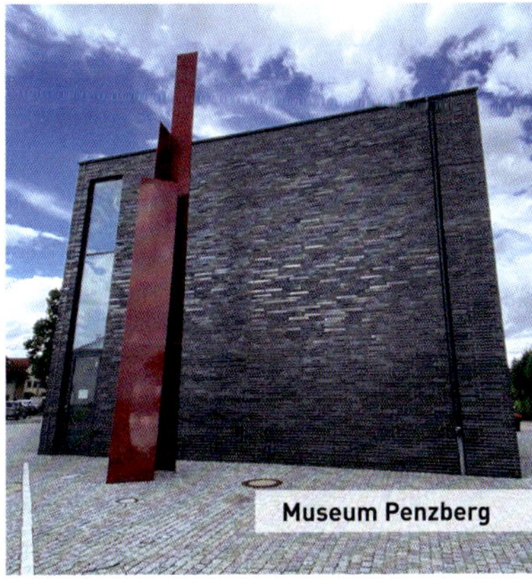
Museum Penzberg

Dann geht es gemütlich weiter nach Sindelsdorf. Im kleinen Ort lebten und arbeiteten Franz Marc und seine Frau Maria sowie Heinrich Campendonk einige Jahre. Der Rest der Malerclique kam häufig zu Besuch, und bekannte Gemälde wie der (verschollene) „Turm der blauen Pferde" von Marc entstanden hier. Ausgeschildert ist ab dem Ortszentrum ein Malerspaziergang auf den Spuren der berühmten ehemaligen Einwohner. Zu sehen sind die Häuser, in denen die Maler vor dem Ersten Weltkrieg lebten und arbeiteten. Das Highlight der Runde ist jedoch zweifellos die Gartenlaube, die früher vor dem Haus von Franz Marc stand. Dort erfand die Künstlerclique den Namen Blauer Reiter.

Marcs Gartenlaube in Sindelsdorf

Durch die traumhafte Voralpenlandschaften mit Blick auf die Alpen geht es weiter in Richtung Kochel am Kochelsee. Dort steht auf einer Anhöhe seit 2008 der Neubau des Franz-Marc-Museums. Herzstück der

Sammlung sind Werke von Franz Marc und anderen Künstlern des Blauen Reiters. Aber auch Bilder der Künstlergruppe „Brücke", der zweiten Avantgardebewegung in Deutschland vor dem Ersten Weltkrieg, sind vertreten sowie Kunstwerke, die nach dem Zweiten Weltkrieg den gerissenen künstlerischen Faden der Moderne wieder aufnahmen.

Nach dem Museumsbesuch kann man von der Terrasse des Museumscafés „Blauer Reiter" auf den türkis schimmernden Kochelsee blicken, bevor man in den Ort hinunter radelt. Im idyllischen Fischerviertel in Seenähe steht die Kirche St. Michael, auf deren Friedhof ein schlichter Grabstein an Franz Marc und seine Maria erinnert.

Kochelsee

Franz Marc (1980 bis 1916) war neben Wassily Kandinsky führender Kopf und Mitbegründer der Redaktionsgemeinschaft „Der Blaue Reiter", die am 18. Dezember 1911 ihre erste Ausstellung in München eröffnete und einen Almanach herausgab. Der Umzug nach Sindelsdorf wurde für ihn wie für seine Kollegen zum künstlerischen Wendepunkt. Zunehmend fokussierte sich Marc, für den das Tier zur Metapher für kreatürliche Reinheit und Unschuld wurde, in der ländlichen Abgeschiedenheit auf Tierbilder.

Nur wenige Jahre durfte die Künstlergruppe neue Wege in der Malerei einschlagen, dann folgte das Blutbad des Ersten Weltkriegs. Marc starb 1916 auf dem Schlachtfeld von Verdun. Zwei Jahre zuvor war mit August Macke schon ein weiterer „Blauer Reiter" gefallen. Kandinsky und Münter trennten sich und der russische Künstler ging zurück in seine Heimat. Der Beginn des Krieges markierte das Ende des Blauen Reiters.

Grab von Franz Marc und seiner Frau Maria

Kein Happy End für die Kunst. Aber ein Happy End für Ausflügler. Wenn die Temperaturen es erlauben, lockt ein Bad im Kochelsee. Vom Bahnhof Kochel am See geht es mit dem Zug zurück nach Penzberg.

Info

Lage: Penzberg liegt etwa 53 Kilometer südlich von München. Ausgangspunkt der Radtour: Parkplatz P&R Bahnhof Penzberg, Philippstraße 32, 82377 Penzberg

Aktivitäten:

- Franz-Marc-Museum: Franz Marc Park 8-10, 82431 Kochel am See, *franz-marc-museum.de*

Einkehr:

- Café & Restaurant Blauer Reiter: Franz Marc Park 8-10, 82431 Kochel am See, *franz-marc-museum.de*

29 Insel Buchau im Staffelsee

CAMPING IM SEE

Reif für die Insel? Dann ist ein Wochenende auf der Camping-Insel Buchau im Staffelsee genau das Richtige. Ein Mikroabenteuer wie aus dem Bilderbuch. Der Luxus ist hier nicht die glamouröse Unterkunft, sondern die Lage des Platzes inmitten der traumhaften Natur.

Seine insgesamt sieben Inseln machen den Staffelsee zum inselreichsten Voralpensee. Ein besonderes Erlebnis ist eine Auszeit auf der zweitgrößten Insel Buchau, die einen Campingplatz hat – perfekt für ein so rustikales wie naturnahes Wochenende. Hier gibt es keinen Autolärm und keine Wohnmobile. Man schläft ganz bodenständig im Zelt. Die Dauercamper hier haben sich kleine Paradiese geschaffen, sonnen sich auf der Veranda oder schaukeln entspannt in Hängematten zwischen den Bäumen am Ufer. 40 Kurzcamper dürfen ihre Zelte auf einer Wiese aufschlagen.

Staffelsee

Der Versorgung dienen ein Mini-Laden mit kleinem Biergarten, Sanitäranlagen und Strom, um Mobiltelefone aufzuladen. Das ist alles. Rundherum nur Wasser und im Süden ein tolles Bergpanorama, das man am besten von einem der beiden Inselhügel betrachtet. Das Hinkommen ist auch mit Gepäck kein Problem: Das Elektro-Fahrgastschiff „Staffelseerin" versorgt die Buchau von Mitte April bis Mitte Oktober ab Seehausen. Wer nur eine Stippvisite auf Buchau plant, kann beim Bootsverleih in Seehausen ein Ruderboot oder Tretboot ausleihen und am Ufer anlegen. Will man beim Campingwochenende ein bisschen mobil sein, sollte man Schlauchboot oder SUP im Gepäck haben. Dann kann man während der Auszeit im See die Inselwelt des Staffelsees erkunden.

Wörth ist die größte Insel im See und die einzige, die ganzjährig bewohnt ist. Bereits vor Urzeiten siedelten hier Menschen, und nachweislich wurde auf Wörth bereits im 7. Jahrhundert eine Kapelle errichtet. Archäologen entdeckten außerdem Spuren eines karolingischen Klosters. Ein paar Rinder weiden heute

Insel Buchau

auf der Insel, um die Wiesen vor dem Verbuschen zu bewahren. Ansonsten lebt hier eine Handvoll Menschen, die sich um die Tiere kümmern bzw. als Haumeisterpaar ein Herrenhaus in Schuss halten. Die Simpertkapelle (St. Bonifatius) ist beliebt für Hochzeiten und Taufen und Ziel der berühmten Fronleichnamsprozession über den See.

Seit 1935 zieht die Prozession am Fronleichnamstag nach dem Gottesdienst in der Pfarrkirche Seehausen durch von Blumenteppichen gesäumte Straßen zur Anlegestelle am Staffelsee. Eine Fähre trägt den Priester mit dem Allerheiligsten, den Kirchenchor und die Blasmusik über den See – begleitet von zahlreichen kleinen Booten. Ein kurzer Stopp auf der winzigen Jakobsinsel – kaum mehr als ein Felsen im Wasser, aber mit einem von Papst Benedikt XVI. geweihten Kreuz – geht es zur Insel Wörth, vom Anleger dann zu Fuß zur Inselkapelle St. Simpert, bevor man sich auf den Rückweg macht.

Die drittgrößte Insel, Große Birke, hat auch einen kleinen Zeltplatz, der jedoch nur Mitgliedern des Deutschen Kanu-Verbandes offensteht. Sie ist nur mit Booten erreichbar. Mühlwörth, die Nummer vier ganz im Norden des Sees, ist nicht öffentlich zugänglich.

Teichrosen

Info

Lage: Der Staffelsee liegt etwa 25 Kilometer südwestlich von Penzberg.

Aktivitäten:

- Staffelseeschifffahrt: Mit dem Elektro-Fahrgastschiff „Staffelseerin" geht es ab Seehausen (Ostufer des Sees) zur Insel Buchau. Vor der Insel Wörth legen Fahrgastschiffe nur für Gruppen ab 20 Personen an; *staffelsee.org*
- Campinginsel-Buchau: Insel Buchau 1, 82418 Seehausen am Staffelsee, *buchau-campinginsel.de*

Einkehr:

- Ristorante al Lago im Strandbad Seehausen: Am Strandbad 9, 82418 Seehausen am Staffelsee, *al-lago-seehausen.de*

30 Wanderung am Riegsee

DURCH DIE BAYERISCHE BILDERBUCHLANDSCHAFT

Im Ort Riegsee am Riegsee liegt die Kirche St. Stephanus aus dem 15. Jahrhundert, deren Turm sich fotogen im Wasser spiegelt. Wer Lust auf einen Blick ins Innere hat, beginnt hier die Wanderung. Zwar passiert man den Ort auch auf dem Rückweg, aber dann ist sie möglicherweise geschlossen. Das schönste Stück: der Hochaltar, der in drastischen Bildern die Steinigung des Hl. Stephanus zeigt.

In einem der Gletscherbecken, die der Loisachgletscher hinterließ, liegt der bildschöne Riegsee. Die gleichnamige Gemeinde ist ein ruhiger Urlaubsort direkt am Wasser und Ausgangspunkt für eine stille kleine Wanderung mit großen Ausblicken – perfekt für jede Jahreszeit.

Von der Kirche geht es vor zur Hauptstraße, der man 50 Meter nach rechts folgt, dann die Straße überquert, um links ins Kirchfeld abzubiegen. Wo sich der Weg gabelt, läuft man erst geradeaus, dann links auf einen schmalen Feldweg vorbei an einem Alpaka-Hof. Nach ein paar Minuten steht man wieder an der Hauptstraße und biegt rechts gegenüber vom Verkehrsamt in die Straße „Breiten" ein. Wer die Kirchenbesichtigung ausgelassen hat, kann direkt hier loswandern.

Der Weg schlängelt sich durchs Bauernland mit Wiesen und Weiden. Eine stille Landschaft. An einem verwitterten Schild folgt man dem Hinweis nach rechts. Der asphaltierten Weg führt leicht, aber stetig bergauf. Oben angekommen genießt man den Blick auf die Alpenkulisse mit dem Riegsee im Vordergrund. Links reckt sich das Ettaler Mandl in die Höhe, gefolgt von Jochberg, Herzogstand, Heimgarten.

Bald ist der kleine Ort Aidling erreicht, der etwa 60 Meter über dem See wie auf einer Aussichtsterrasse liegt. Durch den südlichen Ortsteil geht es bis zur Hauptstraße, die man überquert. Am Feuerwehrhaus dann weiter links in die Mesnerhaustraße, wo sich neue Perspektiven eröffnen. An Tagen mit klarer Sicht türmt sich hinter dem Riegsee das Zugspitzmassiv auf.

Rund um einen Bauernhof verläuft ein Pfad, der direkt auf die winzige Mesnerhauskapelle zusteuert. An ihrem Platz lag wohl einst eine Kultstätte für die germanische Frühlingsgöttin Ostara, die das Neuerwachen der Natur nach einem langen Winter symbolisierte. Mit der Ankunft des Christentums ersetzte man die heidnischen Heiligtümer durch Feld- und Hauskapellen, die den Bewohnern abgelegener Höfe einen Platz fürs Gebet und die stille Einkehr boten.

Mesnerhauskapelle

Vor der Kapelle wartet eine Bank auf Wanderer, damit sie das Panorama in aller Ruhe genießen können. Auf dem Feldweg geht es von der Kapelle bergab in Richtung See. Nach einem Stück auf der Hauptstraße biegt der Wanderweg links ab. Nach einer Weile nimmt man den Weg, der für Autos gesperrt ist, und steuert direkt aufs Seeufer mit Liegewiese und Badesteg zu. Weil die Ufer unter Landschaftsschutz stehen, ist das Baden am Riegsee nur an wenigen Plätzen erlaubt.

Dann geht es immer am See entlang und über einen Campingplatz. Das dortige Lokal Seestube hat eine Sonnenterrasse am See und ein paar Klassiker auf der Karte – perfekt, um die Wanderung ausklingen zu lassen. Dann ist der Ausgangspunkt bald wieder erreicht.

Badeplatz am Riegsee

Auf schöner Wanderung zur Kapelle

Info

Lage: Der Riegsee liegt etwa fünf Kilometer östlich des Staffelsees. Ausgangspunkt der Wanderung: St. Stephanus, Seestraße 3, 82418 Riegsee

Aktivitäten:

- Wanderung: 7,5 Kilometer, 80 Höhenmeter, zwei Stunden. Kurzer und einfacher Rundweg auf asphaltierten Straßen, Schotterwegen oder Uferwegen mit wenig Auf und Ab. Zwischen Frühjahr und Herbst und auch an milden, schneefreien Wintertagen eine schöne Wanderung. Im Sommer lockt zusätzlich ein Bad im Riegsee, allerdings gibt es keinen Schatten.

Einkehr:

- Seestube Riegsee: Seestraße 21, 82418 Riegsee, *seestube-riegsee.de*

31 Kunstspaziergang in Murnau

Murnau mit seiner hübschen Innenstadt liegt idyllisch am Staffelsee. Hier lebten und arbeiteten vor dem Ersten Weltkrieg Mitglieder der Malergruppe Blauer Reiter, die rund um Murnau Motive für ihre Bilder fanden. Auf einem Kunstspaziergang kann man auf ihren Spuren wandeln.

In der Fußgängerzone Obermarkt liegt der Brauerei-Gasthof Griesbräu, wo Gabriele Münter und Wassily Kandinsky bei ihrem ersten Besuch in Murnau nächtigten. Heute wieder eine gute Adresse zum Übernachten und Einkehren. Von dort schlendert man den Obermarkt hinunter in Richtung Mariensäule, wo die Berge plötzlich zum Greifen nah scheinen. Die farbenfrohen Häuserfassaden ringsum verdankt die Stadt dem Münchner Architekten Emanuel von Seidl, der ein Landhaus in Murnau besaß. Hinter der Maria-Hilf-Kirche biegt man links in die Grüngasse ab, und schon bald erblickt man das Schloßmuseum Murnau, zu dem Stufen hinaufführen. Eine Ausstellung würdigt den Dramatiker Ödön von Horvath, der von 1924 bis 1933 in Murnau lebte. Vor allem aber stehen die Werke von Gabriele Münter (1877 bis 1962) hier im Fokus.

Als Frau durfte Münter nicht die Münchner Kunstakademie besuchen. Neben ihrer Ausbildung in der Damenakademie des Künstlerinnen-Vereins nahm sie privat Malkurse, u. a. bei Wassily Kandinsky. Die beiden wurden ein Paar, doch unglücklicherweise war Kandinsky bereits verheiratet. Um dem Skandal aus dem Weg zu gehen, war das Künstlerpaar in den ersten Jahren der Beziehung meist auf Reisen. Doch erst in Murnau sollte Münter als Künstlerin reifen. Sie ließ die impressionistische Malerei hinter sich und entwickelte ihre eigene Bildsprache.

Faszinierend wie die Gemälde sind die historischen Fotos. Eines zeigt Münter mit langem Gewand und Strohhut vor der Staffelei inmitten der Natur. Das klassische Outfit der Sommerfrischlerin aus der Stadt, die im Sommer im Murnauer Land vom Stadtleben entspannte. Schon damals boomte der Tourismus in Murnau. Den

Grundstein für den Fremdenverkehr hatten die Stadtväter bereits 1868 mit der Gründung des Verschönerungsvereins gelegt. 1879, nach der Eröffnung der Bahnlinie München-Murnau, strömten die Besucher.

Schloßmuseum Murnau

Die zweite wichtige Adresse für alle Fans des Blauen Reiters ist die einstige Villa Gabriele Münters in der Kottmüllerallee. Dazu läuft man vom Schloßmuseum durch die Lederergasse in Richtung Untermarkt. Auf diesem geht es links bis zum Parkplatz der Supermarktkette Feneberg. Jetzt nur noch den Burggraben überqueren und schon ist die Kottmüllerallee erreicht. Es geht leicht bergauf, und wenn man sich umdreht, blickt man auf Murnau mit Kirche und Schloss. Ein beliebtes Motiv des Künstlerpaares.

Münter kaufte 1909 die Villa in der Kottmüllerallee, die heute als Münter-Haus bekannt ist. Die Einheimischen nannten es abfällig das „Russenhaus". Kein Wunder: eine wilde Ehe ohne Trauschein – noch dazu mit einem Ausländer – war vor dem Ersten Weltkrieg ein handfester Skandal. In Murnau lebte und arbeitete das Paar bis 1914 vor allem in den Sommermonaten und beherbergte Malerfreunde wie Marianne von Werefkin und Alexej von Jawlensky, Franz Marc, August Macke oder den Komponisten Arnold Schönberg.

Der Krieg beendete die Idylle, die Beziehung zu Kandinsky zerbrach. Ab 1931 bis zu ihrem Tod lebte Münter wieder in der

Villa in Murnau. Zahlreiche Gemälde von Kandinsky überdauerten die Kriegs- und Nachkriegszeit in ihrem Keller. Heute umgibt Besucher hier wieder der Geist der Zeit vor dem Ersten Weltkrieg.

Münter-Haus

Die Verlängerung der Kottmüllerallee ist die namengebende Eichenallee, die Murnauer Stadtväter bereits 1909 für die Urlauber aus der Stadt anlegen ließen. Ein wunderbarer Spazierweg führt von hier in Richtung Moor und bis zur Kirche St. Georg, die sich über dem Moor erhebt und zärtlich „Ähndl" genannt wird.

Info

Lage: Murnau liegt östlich am Staffelsee und etwa 70 Kilometer südwestlich von München.

Aktivitäten:

- Münter-Haus: Kottmüllerallee 6, 82418 Murnau, *muenter-stiftung.de/de/das-munter-haus-2*
- Schloßmuseum: Schlosshof 2-5, 82418 Murnau, *schlossmuseum-murnau.de*

Einkehr:

- Griesbräu: Obermarkt 37, 82418 Murnau am Staffelsee, *griesbraeu.de*
- Ähndl: Ramsach 2, 82418 Murnau, *aehndl.de*

32 Durchs Murnauer Moos

MOORGEFLÜSTER

Mit 4200 Hektar, davon 2355 Hektar unter Naturschutz, ist das Murnauer Moos im Blauen Land bei Murnau das größte zusammenhängende Moorgebiet nördlich der Alpen. Ein Feuchtbiotop, das alle Stadien der Moorbildung aufweist, und ein faszinierendes Stück Natur vor mächtigen Alpengipfeln.

Eine wunderbare Runde durch eine faszinierende Moorlandschaft vor prächtiger Bergkulisse, die vor dem Ersten Weltkrieg die Künstler des Blauen Reiters wie Gabriele Münter, Wassily Kandinsky oder Franz Marc zu farbstarken Werken inspirierte.

Das Murnauer Moos bietet alle Entwicklungsformen von Nieder- bis Hochmoor und ist Heimat seltener Pflanzen und Tiere. Wachtelkönig, Zwerglibelle, Wanzen-Knabenkraut und viele mehr gehören zu den Raritäten unter den Moorbewohnern. Mehr dazu erfährt man am Ausgangspunkt der Wanderung – am Parkplatz an der Ramsacher Straße – im kleinen Infozentrum. Läuft man weiter die Straße hinab, taucht bald ein Hügel mit kleiner Kirche und Biergarten unter alten Kastanien auf. Dort endet die Wanderung nach gut drei Stunden – nach Lust und Laune mit mit Kunstgenuss und kulinarischen Freuden.

Unterhalb von Kirche und Biergarten liegt der Einstieg zur Wanderung. Ein bequemer, geschotterter Wanderweg schlängelt sich sanft

Sibirische Schwertlilien sind im Moorgebiet überall zu finden.

Bohlenweg durchs Moor

und ebenerdig durch die Landschaft. Zur Rechten gurgelt die Ramsach, zur Linken ragen unzählige Gipfel zwischen Jochberg und Ettaler Mandl – im Frühjahr noch mit Schneezipfeln – in den Himmel.

Der Loisachgletscher, dessen Zungenbecken sich einst bis zum Ammersee zog, verlieh der Landschaft ihr heutiges Gesicht. Als er vor 20.000 Jahren zu schmelzen begann, entstand durch Verschiebung von Eis- und Geröllmassen ein gewaltiger Trichter, in dem ein eiszeitlicher See zurückblieb. Wo, wie im Murnauer Moos, das Gletscherwasser nicht abfließen konnte, kam es zu Versumpfung durch Schlamm und absterbende Pflanzenreste.

Im ersten Teil der Wanderung dominiert Niedermoor, das im Gegensatz zum Hochmoor artenreich ist. Wer im Frühjahr oder Frühsommer unterwegs ist, darf sich auf ein Feuerwerk der Farben freuen: Rosa, blau, gelb und violett blühen Sibirische Schwertlilie, Fleischfarbenes Knabenkraut, Heilziest und Prachtnelke, Sumpfdotterblumen, Mehlprimel und Trollblume. Schneeweiß wiegen sich die Wollgrasbüschel im Wind. Aber auch im Spätsommer finden sich noch ein paar Farbtupfer, wenn zum Beispiel Duftlauch und Schwalbenwurz-Enzian blühen.

Ähndl

Nach vier Kilometern führt ein Abzweig zum Moorrundweg nach rechts. An einer Kreuzung nimmt man den Weg, der für Radler und Reiter gesperrt ist. Nach ca. 500 Meter ist das Lange Filz erreicht, ein Stück Hochmoor im Murnauer Moos. Eine schwermütige Landschaft in Brauntönen, durch die man auf einem Bohlenweg spaziert. Junge Birken ragen vor krüppeligen Moorkiefern auf. Nah am Boden wachsen Torfmoose, Rosmarinheide, die im Spätsommer violett blüht, und Sonnentau. Bis in die 1980er-Jahre entwässerte man das Murnauer Moos zur Torfgewinnung. Erst spät erkannte man, dass Moore schützenswert sind. Ein Renaturierungsprojekt versetzte das geschädigte Hochmoorgebiet „Langer Filz" ab 2001 nach und nach wieder in seinen Naturzustand.

Abendstimmung

Wenn der Bohlenweg endet, passiert man ein Gatter und folgt dem Wegweiser „Moorrundweg" nach rechts in Richtung Westried. Im Ort geht es an einer Querstraße nach rechts und bei der nächsten Weggabelung in die Graf-Alban-Straße. Sie führt durch die Siedlung und in einem Linksbogen zur Moosrainer Straße. Nun hält man sich wieder rechts und folgt dem Straßenverlauf nach Moosrain. Dort angekommen, ignoriert man den ersten Abzweig nach links, spaziert geradeaus weiter. Hinter der Siedlung liegt eine Bahntrasse. Der Wanderweg überquert die Bahngleise insgesamt zweimal, stets dem Hinweis „Moosrundweg" folgend.

Hat man eine Anhöhe erreicht, beginnt ein besonders schöner Abschnitt der Wanderung, denn der Blick über das Moor zu den Bergspitzen ist herrlich. An einer Gabelung folgt man dem Abzweig „Ähndl, 2 km" nach rechts.

Herrlicher Fernblick

Einkehr im Biergarten

Auf dem letzten Wegstück taucht man noch einmal in den Wald ein, und über Stufen geht es abwärts, weiter auf einem bequemen Schotterweg dann am Rande der Wiesen entlang. Die Kirchen von Murnau und Ohlstadt zur Linken grüßen aus der Ferne. Dann kommt auch schon das Ähndl in den Blick. Das kleine Kircherl, eigentlich die Kapelle St. Georg, thront laut Überlieferung schon seit Mitte des 8. Jahrhunderts über dem Moor.

Nebenan im Biergarten des Lokals Ähndl sitzt man nicht nur wunderbar, hier wird auch vorzüglich gekocht. Unter Kastanienbäumen schmeckt die gepflegte bayerische Küche bestens.

Info

Lage: Das Murnauer Moos liegt südwestlich von Murnau am Staffelsee. Ausgangspunkt der Wanderung: Wanderparkplatz in der Ramsachstraße, 82418 Murnau am Staffelsee.

Aktivitäten:

- Wanderung: 12,5 Kilometer, 100 Höhenmeter, 3,5 Stunden. Einfache, aber lange Rundwanderung auf bequemen Wegen und ohne nennenswerte Steigungen. Besonders schön im späten Frühjahr oder Frühsommer, wenn unzählige Blüten für Farbzauber sorgen. Aber auch im Herbst, wenn Nebelschwaden übers Moor ziehen, ist es hier sehr atmosphärisch.

Einkehr:

- Ähndl: Ramsach 2, 82418 Murnau, *aehndl.de*

Werdenfelser Land

Lüftlmalerei in Oberammergau

Werdenfelser Land

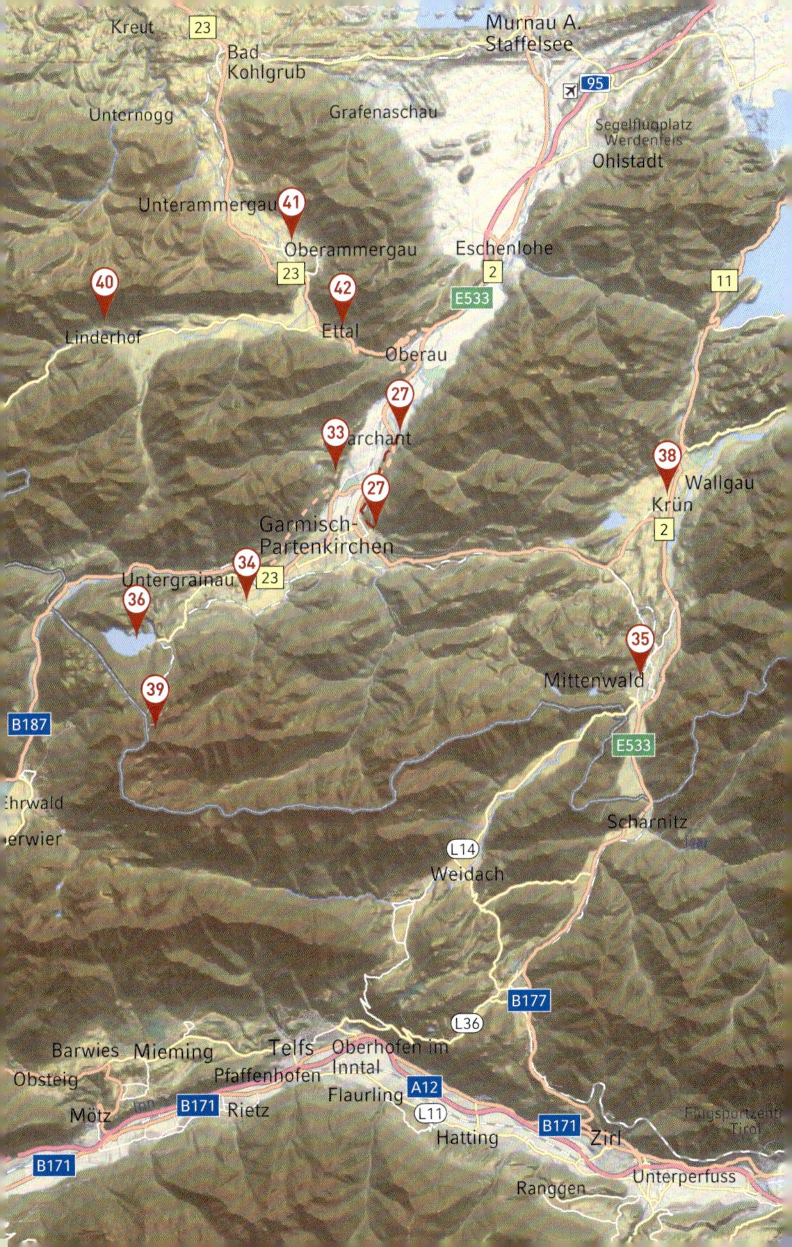

Kreut
23
Bad Kohlgrub
Murnau A. Staffelsee
95
Unternogg
Grafenaschau
Segelflugplatz Werdenfels
Ohlstadt
Unterammergau
41
Oberammergau
Eschenlohe
23
2
40
42
E533
11
Linderhof
Ettal
Oberau
27
33
archant
38
27
Wallgau
Krün
2
Garmisch-Partenkirchen
34
Untergrainau
23
36
35
Mittenwald
39
B187
E533
Scharnitz
Isar
L14
Weidach
B177
L36
Barwies
Mieming
Telfs
Oberhofen im Inntal
Obsteig
Pfaffenhofen
A12
Flaurling
Mötz
Inn
B171
Rietz
L11
Hatting
B171
Zirl
Tirol
B171
Ranggen
Unterperfuss

33 Burgruine Werdenfels

„LOST PLACE" MIT WANDERUNG

Werdenfelser Land nennt sich die Region rund um Garmisch-Partenkirchen. Der Name leitet sich von der einst mächtigen Burg Werdenfels ab, die heute als wildromantische Ruine hoch über dem Loisachtal thront. Sie ist ein wunderbares Wanderziel, das sich gut mit einem Abstecher samt Badepause zum Pflegersee verbinden lässt.

Nur noch eine Ruine

Vom oberen Parkplatz in der Pflegerseestraße ist die Burgruine Werdenfels schon ausgeschildert. Auf einem breiten Forstweg geht es zunächst in wenigen Minuten zum Schmölzersee. Dort schickt der nächste Wegweiser Wanderer ein Stück am Ufer entlang und weiter durch den schattigen Wald. An einem auffällig geschnitzten Wegweiser läuft man vorbei und folgt an der nächsten Weggabelung dem Hinweis zur Ruine Werdenfels nach rechts, dann gleich wieder nach links. Nun schlängelt sich der Weg immer leicht bergauf durch den Wald. Wenn er sich erneut gabelt, bleibt man auf dem Hauptweg. Noch ein großzügiger Linksbogen, dann hat man die Werdenfelser Hütte erreicht, eine wunderbare Einkehr mit Biergarten.

Das Eingangstor zur Burgruine liegt gleich um die Ecke. Vermutlich im 12. oder 13. Jahrhundert erbaut, ist die einst stolze Burg Werdenfels heute eine romantische Ruine. Ein Platz voller Geschichte. Die große Zeit der Burg begann, als die Grafschaften Partenkirchen und Mittenwald im Mittelalter zur Grafschaft Werdenfels verschmolzen. Damals wurde sie Verwaltungs- und Gerichtssitz und blieb es bis Mitte des 17. Jahrhunderts. Als die Grafschaft 1802 zum Königreich Bayern kam, war Burg Werdenfels längst verfallen.

Beeindruckend ist die breite Innenseite des Palas, des repräsentativen Saalbaus. Der am besten erhaltene Teil der Burg besitzt noch mächtige Mauern mit großen Fensteröffnungen, die einen Eindruck von einstiger Pracht geben. Herrlich ist der Blick übers Loisachtal nach Garmisch-Partenkirchen mit den Sprungschanzen im Olympiastadion und auf Ester- und Wettersteingebirge.

Biergarten

Der Rückweg führt wieder an der Werdenfelser Hütte vorbei. Dann läuft man ein Stück zurück auf dem schon bekannten Weg, bis ein Wegweiser nach rechts zum Pflegersee weist. Nach einer langgezogenen Linkskurve erreicht man eine Weggabelung und folgt den Wegweisern nach rechts. Parallel zur Fahrstraße führt der Wanderweg immer geradeaus, bis der See erreicht ist.

Er diente im Mittelalter der Wasserversorgung der Burg Werdenfels und ist heute beliebtes Ausflugsziel. Kein Wunder: Traumhaft schön liegt er am Fuße des Königsstands (1453 Meter). Im Berggasthof Pflegersee kann man sich stärken, auf der anderen Seite des Sees lockt ein nostalgisches Schwimmbad mit Kiosk und Bootsverleih.

Am Pflegersee

Zurück geht es zunächst auf dem gleichen Weg, an der nächsten Kreuzung aber geradeaus („Kramerplateauweg, Garmisch"). In der Ferne ragt die Alpspitze auf und es geht leicht bergab. Später hält man sich links, Richtung Schmölzersee. Der schattige Waldweg schlängelt sich in mehreren Kehren leicht abwärts bis zum schon bekannten holzgeschnitzten Wegweiser, dem man in Richtung „Hotel Sonnenbichel, Garmisch" folgt.

Werdenfelser Hütte

Info

Lage: Die Burgruine Werdenfels liegt etwa fünf Kilometer nördlich von Garmisch-Partenkirchen. Ausgangspunkt der Wanderung: Wanderparkplatz in Burgrain an der Pflegerseestraße.

Aktivitäten:

- Wanderung: 6,8 Kilometer, 160 Höhenmeter, zwei Stunden. Leichte und kurze Rundwanderung mit sehr mäßiger Steigung. Im Sommer auch am frühen Abend noch eine schöne Runde. Ansonsten zu allen Jahreszeiten – auch im Winter – gut machbar. Unterwegs ist man auf breiten Wanderwegen und Waldpfaden.

Einkehr:

- Werdenfelser Hütte: Ruine Werdenfels 1, 82467 Garmisch-Partenkirchen
- Berggasthof Pflegersee: Pflegersee 1, 82467 Garmisch-Partenkirchen, *pflegersee.com*
- Kiosk am Strandbad Pflegersee: Pflegersee 1, 82467 Garmisch-Partenkirchen

34 Durch die Höllentalklamm

URIGE SPRITZTOUR

Ganz unspektakulär beginnt die Wanderung am milchig-grünen Hammersbach im gleichnamigen Ort bei Grainau. Dieser war ab dem 15. Jahrhundert bis Ende des Ersten Weltkriegs Ausgangspunkt für den Abbau von Bleierz und Galmei zur Herstellung von Messing. Die hochalpine Lage machte den Abtransport der Erze jedoch schwierig und teuer, die Erträge waren letztlich zu gering. Längst ist in Hammersbach wieder Ruhe eingekehrt.

Eine traumhafte Wanderung für alle Sinne führt durch das Naturspektakel der Höllentalklamm und weiter zur Höllentalangerhütte, die Ausgangspunkt für die Besteigung der Zugspitze ist.

Auf der linken Seite des Hammersbachs, der sich noch als echter Wildbach zeigen wird, führt die kürzeste Route zum Eingang der Klamm. Zunächst geht es ebenerdig in den Wald, nach einer Brücke beginnt der Anstieg, der langsam, aber stetig über Stufen und Serpentinen bergauf führt. Wenn eine Felswand erreicht ist, vor der zwei Wasserfälle ins Tal stürzen, ist der Eingang zur Klamm fast erreicht. Eine urige Einkehr für die letzte Stärkung: die Höllentaleingangshütte. Direkt hinter dem Eingang informiert ein kleines Museum über die Geschichte des Bergbaus im Höllental und zeigt eindrucksvolle Fotos von der touristischen Erschließung der Klamm, die 1905 für Besucher öffnete.

Höllentaleingangshütte

Dann geht es auf einem Steig, den man oberhalb des Bergbachs in den Fels sprengte, durch das 1027 Meter lange Naturwunder. Der Hammersbach wird von Schmelzwasser und Regen gespeist und donnert, gurgelt, tost und spritzt, während er sich seinen Weg durch den Kalksteinfels bahnt. Fast 500 Meter des Klammwegs führen durch insgesamt zehn Tunnel, die mutige Männer in den Berg schlugen und sprengten. Teilweise geht es auch – bestens gesichert – über Bohlenwege, die Jahr für Jahr im Herbst abgebaut und im Frühjahr von freiwilligen Helfern wieder neu verlegt werden.

Aufstieg in die Klamm

Beeindruckende Enge

Einkehr und Unterkunft für Wanderer

Die Durchquerung ist immer ein erfrischendes Vergnügen. Eine Regenjacke gehört unbedingt in den Rucksack. Aber auch ein wärmendes Oberteil – auch im Hochsommer zeugen dort, wo kein Sonnenstrahl die Klamm erreicht, Schneeblöcke von eisigen Temperaturen. Nach dem Verlassen der Klamm lassen sich Wanderer im Hochtal von der Sonne trocknen. Zur Linken liegt der Eingang zum Stangensteig, der Alternativroute für den Rückweg, die allerdings länger und anspruchsvoller ist.

Zur Höllentalangerhütte geht es in Serpentinen weiter aufwärts. Dann verläuft der Weg – flankiert von steilen Felswänden – wieder fast flach. Hat man einen Wasserfall passiert, öffnet sich das Obere Höllental und gibt den Blick frei auf die Gipfel von Waxenstein, Riffelwänden und Höllentalferner. Dahinter türmt sich die Zugspitze (2962 Meter) auf. Hier liegt die Höllentalangerhütte (1387 Meter), wo Bergsteiger die Nacht verbringen, bevor sie am nächsten Tag durch das Höllental die Zugspitze erklimmen. Die erste Höllentalangerhütte erbaute man hier 1893, seit 2015 ersetzt sie ein geschmackvoller Neubau mit schöner Sonnenterrasse. Nach der gemütlichen Einkehr zum grandiosen Gipfelblick geht es auf dem bekannten Weg zurück ins Tal.

In der Klamm

Info

Lage: Die Höllentalklamm und Grainau liegen etwa sechs Kilometer westlich von Garmisch-Partenkirchen. Ausgangspunkt der Wanderung: Parkplatz vor dem Ort Hammersbach, Höllentalstraße 18, 82491 Grainau

Aktivitäten:

- Höllentalklamm: Die Weg durch die Klamm ist nur in den Sommermonaten möglich; *hoellentalklamm-info.de*
- Wanderung: 12,1 Kilometer, 680 Höhenmeter, 4,5 bis fünf Stunden. Die Durchquerung der Höllentalklamm mit Fortsetzung der Wanderung zur Höllentalangerhütte ist eine Bergwanderung. Feste Wanderschuhe gehören zur Ausrüstung, genauso wie einen Regenjacke und ein wärmendes Oberteil. Nach Starkregenperioden sollte man sich vorher in der Hölltentaleingangshütte nach dem Zustand der Klamm erkundigen.

Einkehr:

- Höllentaleingangshütte: *grainau.de/a-hoellentaleingangshuette*
- Höllentalangerhütte: *alpenverein-muenchen-oberland.de/huetten/alpenvereinshuetten/hoellentalangerhuette*

35 Mittenwald

SPAZIERGANG MIT FARBENFROHER LÜFTL-PARADE

Die kleine Runde durch Mittenwald beginnt und endet am Bahnhofsplatz. Über die Bahnhofstraße geht es auf der Suche nach architektonischen Schmuckstücken zum Untermarkt, wo sich historische Flößerhäuser mit bunten Malereien aneinanderreihen. Lüftlmalerei nennt man im Werdenfelser Land die verspielte Fassadengestaltung, die seit dem 18. Jahrhundert viele Häuser schmückt. Wahrscheinlich war das Haus des Fassadenmalers Franz Seraph Zwinck (1748 bis 1792) aus Oberammergau, das „Zum Lüftl" hieß, Namensgeber der farbenfrohen Kunst.

Mittenwald gehört zweifellos zu den schönsten Orten im Werdenfelser Land – sehr klein, aber auch sehr fein. Höchst fotogen sind die vielen Häuser mit farbenfroher Lüftlmalerei. Spannend auch das Geigenbaumuseum, denn seit 1684 ist Mittenwald ein Zentrum des Geigenbaus.

Kaum irgendwo in der Region ist das Ensemble der Lüftl-Fassaden so geschlossen wie in Mittenwald. Die Kompositionen erinnern an aufgeklappte Bilderbücher, deren Seiten Geschichten erzählen. Einige verraten die Berufe der einstigen Hausbesitzer, andere erzählen Bibelgeschichten oder berichten von historischen Ereignissen. Immer wieder geht es um Mittenwalds „Goldene Zeit". Schon zur Römerzeit war der kleine Ort wichtige Station auf dem Weg von Verona nach Augsburg. Darüber hinaus transportierte man Waren auf dem Wasserweg,

Mittenwald vor dem Karwendel

denn die Isar war ab Mittenwald mit dem Floß befahrbar. Zur Boomtown wurde Mittenwald dann Ende des 15. Jahrhunderts, als mächtige venezianische Kaufleute kurzerhand den Markt von Bozen in den kleinen Ort im Karwendel verlegten. Mittenwald war von 1487 bis 1679 Umschlagplatz für Waren aus aller Welt.

Ein besonders schönes Exemplar der Fassadenmalkunst ist „Haus Fürst" am Untermarkt, geschmückt mit den Darstellungen von Gottvater, Jesus, Gottesmutter und mehreren Heiligen. Weiter führt der Rundgang über den Fritz-Prölß-Platz zur Ballenhausgasse mit weiteren farbenfrohen Fassaden.

Das Geigenbaumuseum informiert unterwegs über die Geschichte des kunstvollen Handwerks in Mittenwald, das hier seit 1684 gepflegt wird. In den Vitrinen des Museums können Musikliebhaber über 200 Streich- und Zupfinstrumente alter Meister bewundern, in der dem Museum angegliederten Schauwerkstatt einem Geigenbauer bei der Arbeit über die Schulter schauen. Auch heutzutage ist ein rundes Dutzend Geigenbaumeister im Ort ansässig.

Direkt vor der Kirche St. Peter und Paul erinnert das Matthias-Klotz-Denkmal an den berühmten Geigenbauer, der die Geigenbautradition einst nach Mittenwald brachte. Am Kirchturm zeigen illusionistische Lüftl-Fresken die beiden Heiligen.

Die Matthias-Klotz-Straße führt in den Ortsteil Gries, eine Abzweigung am Gasthaus Gries nach rechts an einer großen Holzgeige vorbei dann in die Stainergasse. Sie wiederum führt direkt zum Obermarkt, in die Fußgängerzone des Ortes. Auch hier „lüftelt" es nur so an den Hausfassaden. Hingucker sind die Fresken am Traditionsgasthof Alpenrose, die das Hören, das Schmecken und das Riechen illustrieren sowie Personifikationen von Stärke und Nächstenliebe.

Lüftlmalerei

Alltagsszenen, Berufe oder geistliche Motive werden dargestellt.

Info

Lage: Mittenwald liegt etwa 18 Kilometer östlich von Garmisch-Partenkirchen. Ausgangspunkt des Rundgangs: Bahnhofplatz 8, 82481 Mittenwald

Aktivitäten:

- Geigenbaumuseum: Ballenhausgasse 3, 82481 Mittenwald, *alpenwelt-karwendel.de/geigenbaumuseum*

Einkehr: Zahlreiche Restaurants und Cafés im Ortszentrum Mittenwald

36 Eibsee

FOTOMOTIVE IN DER BAYERISCHEN KARIBIK

Der Eibsee ist ein Hotspot für Instagrammer. Kein Wunder: Er liegt in ca. 1000 Meter Höhe direkt unterhalb der Zugspitze, die sich im Wasser des türkisgrünen Bergsees spiegelt. Das sorgt für traumhafte Fotomotive. Die Wanderung führt einmal um den See herum mit den wichtigsten Fotospots.

Eibsee

Einsamkeit werden Besucher am Eibsee vergeblich suchen – es sei denn, sie kommen sehr früh. Dann haben sie die Chance menschenleere Fotos in romantischer Morgenstimmung zu schießen. Auch abends, wenn die meisten Besucher längst abgefahren sind, atmet der See noch einmal auf. Dann kann man in aller Ruhe baden und mit der Kamera die Abendstimmung einfangen. Die besondere Farbe des Eibsees, die an die Karibik erinnert, kitzelt jedoch die Mittagssonne hervor. Am besten also mehrmals kommen für perfekte Aufnahmen.

Sollte man besser im Uhrzeigersinn oder gegen den Uhrzeigersinn den See umrunden? Wer die spektakulärsten Fotospots vor anderen Besuchern ablichten möchte, hat es eilig. Dann am besten am Parkplatz des Eibsee-Hotels gegen den Uhrzeigersinn laufen. Will man sich das Beste für den Schluss aufheben, läuft man im Uhrzeigersinn.

Wer die erste Möglichkeit wählt, geht das erste Stück des Weges durch den Wald. Mächtige Felsblöcke am Wegesrand erinnern an eine Naturkatastrophe – den größten Bergsturz in den Bayerischen Alpen. Vor 3750 Jahren brach die Westflanke des Zugspitzmassivs ab und Gesteinsschutt rauschte ins Tal. Heute liegen die Felsen romantisch überwuchert von Moosen und Heidelbeersträuchern zwischen den Bäumen.

Der Eibsee entstand am Ende der Würm-Kaltzeit. Damals zog sich der Isar-Loisach-Gletscher zurück und hinterließ eine Senke, die sich nach und nach mit dem Schmelzwasser des Gletschers füllte. Erste markante Station der Wanderung ist der Untersee. Der Bergsturz trennte ihn vom Eibsee ab. Danach beginnt ein besonders schöner Abschnitt: Zahlreiche flache Buchten, die im Sommer herrliche Badeplätze sind, reihen sich aneinander. Allerdings: Erinnert auch die Farbe des Sees an die Karibik, der Bergsee ist nicht karibisch warm.

Wanderweg

Bald wartet der erste Höhepunkt für Fotografen: Gigantisch ist der Blick auf die schroffen Steilwände des Zugspitzmassivs zur Rechten und die Waxensteinkette, die sich links davon anschließt. Auch die acht Inseln des Eibsees sind tolle Fotomotive. Während die kleineren kaum mehr als Felsen sind, kann man vor den größeren mit dem Boot ankern und vom Inselstrand aus ins Wasser hüpfen. Ringsum kurven häufig SUPs, Tret- und Ruderboote und setzen Farbtupfer. Am besten hat man die Inseln von der Westspitze des Sees beim Aussichtspunkt Wankle im (Foto-)Blick.

Zugspitzblick am Eibsee

Der Weg entfernt sich nun vom Ufer und steigt leicht an. Vom südlichen Seeufer blickt man auf die Ammergauer Alpen, die sich im kristallklaren Wasser spiegeln. Gegen Ende der Seerunde liegt auf der rechten Seite der Frillensee im Wald, vom gegenüberliegenden Ufer des Sees grüßen Ziegspitz und Kramerspitz.

Wenn man das belebte Ostufer erreicht hat, ist die Seerunde fast vollendet. Hier kann man Boote ausleihen für eine andere Fotoperspektive oder alternativ mit dem öffentlichen Ausflugsboot „Reserl" in See stechen.

Info

Lage: Der Eibsee liegt vier Kilometer westlich von Grainau. Ausgangspunkt der Wanderung: Am Eibsee 1, 82491 Grainau.

Aktivitäten:

- Wanderung: 7,5 Kilometer, 100 Höhenmeter, zwei Stunden. Die Runde um den See ist einfach und stellt keine Anforderungen an Kondition und Technik. Sommerwochenenden sollte man meiden – es sei denn, man kommt ganz früh oder ganz spät. Besonders schön ist der See auch im Herbst und auch eine Winterwanderung hat ihren Reiz. Bei Eis und Schnee verströmt der See einen ganz eigenen Zauber. Der Weg ist durchgehend sehr gut ausgebaut, deshalb auch für Fahrräder, Kinderwagen und im Winter Schlitten passierbar.

Einkehr:

- bergGasthof EIBSEE Alm: oberhalb des Eibsees, ca. 200 Meter von der Talstation der Seilbahn Zugspitze entfernt, *eibsee.de/de/essen-trinken*
- seeRestaurant EIBSEE Pavillon: direkt am See mit großer Seeterrasse (im Winter geschlossen), *eibsee.de/de/essen-trinken*
- Biergarten am See: bekannt für leckeren Steckerlfisch

37 Auf dem Philosophenweg

VON FARCHANT NACH PARTENKIRCHEN

Die Worte von Denkerinnen und Denkern begleiten den Spazierweg mit Blick auf die Bergwelt rund um Garmisch-Partenkirchen. Ein Weg zum Entspannen und Nachdenken, der auch ein aussichtsreicher Winterwanderweg ist.

Ziegen begleiten die Wanderer auf dem Weg.

Am Warmfreibad Werdenfels beginnt die kleine Tour mit großer Aussicht. Ein hölzernes Floß am Parkplatz markiert den Einstieg. Nach einem Gatter biegt man auf einen Trampelpfad nach rechts ab. Der Weg nach links führt zu den Kuhfluchtwasserfällen – für alle, die nach dem Philosophenweg noch Kraft in den Beinen haben, eine spannende Verlängerungsoption.

Schon bald öffnet sich ein grandioser Blick auf den Kramer hinter Weiden, auf denen im Sommer Kühe grasen. Je nach Jahreszeit geht es mit oder ohne Kuhglockengebimmel weiter. Mal geht es durch den Wald, mal mit freiem Blick auf die Kalkspitzen rund um Garmisch-Partenkirchen.

Bänke mit Gedankenfutter

An einem der Hänge kann man die Burg Werdenfels erspähen, Namensgeberin des Werdenfelser Landes.

Zahlreiche Sitzbänke mit Zitaten von Denkerinnen und Denkern säumen den Weg. Platon, Nietzsche, Schopenhauer, aber auch Clara Zetkin und Simone de Beauvoir verraten Lebensweisheiten und laden zum Philosophieren ein.

Gegen Ende führt der Weg am Schützenhaus vorbei. Von der sonnigen Terrasse des Lokals blickt man auf Alpspitze, Jubiläumsgrat, Zugspitze, und der Kuchen ist köstlich. Dann weiter nach Partenkirchen. Dort geht es über die Grünanlage St. Anton zur Bushaltestelle Schnitzschulstraße/Ludwigstraße, wo Busse zurück nach Farchant fahren.

Pure Idylle auf dem Weg

Info

Lage: Farchant liegt etwa fünf Kilometer nördlich von Garmisch-Partenkirchen. Ausgangspunkt des Philosophenweges: Warmfreibad Farchant, Esterbergstraße 50, 82490 Farchant

Aktivitäten:

- Spaziergang auf dem Philosophenweg: 4,6 Kilometer, 130 Höhenmeter, eine Stunde und 45 Minuten

Einkehr:

- Schützenhaus Restaurant Partenkirchen: Wankbahnstraße 1, 82467 Garmisch-Partenkirchen, *schützenhaus-gap.de*

38 Drei Seen bei Krün

WANDERUNG ZU BADESEEN MIT BERGKULISSE

Vom Wanderparkplatz Krottenkopfstraße in Krün folgt man dem Wegweiser „Barmseerundweg, Nr. 406". Hinter einer Ferienwohnungssiedlung zweigt der Weg nach links und gleich wieder nach rechts zum Barmsee ab. Es geht zunächst geradeaus durch die Felder, während sich die Alpenkulisse ins Bild schiebt, dann an Viehweiden vorbei Richtung „Badeplatz am Nordufer".

Barmsee, Geroldsee und Grubsee – gleich drei Seen lernt man auf dieser leichten, aber nicht ganz kurzen Wanderung kennen. Eine wunderbare Seenrunde, auf der im Sommer unbedingt das Badezeug in den Rucksack gehört. Und die Kamera natürlich, denn die Bergblicke sind herrlich.

Majestätisch erheben sich die Zacken des Karwendels vor dem Himmelblau des Barmsees. Ein herrlicher Badeplatz! Nach Erfrischung im Bergsee geht es von der Badewiese ein Stück zurück, bis man auf den Abzweig zum Geroldsee stößt. Leicht bergauf geht es durch den Wald zurück zum Ufer. Dort gabelt sich der Weg. Der breite Weg führt zum Geroldese über eine Feuchtwiese. Butterblumen leuchten im Frühsommer und setzten gelbe Tupfen im Grün.

Nach einer Weile glitzert schon der Geroldsee in der Ferne, der traumhaft fotogen ist. Zunächst erspäht man das Zugspitzmassiv; wenn man weiter in Richtung Seeufer läuft, erhebt sich majestätisch der Karwendel hinter dem Moorsee. Das ehemalige Strandbad – Lieblingsplatz vieler Besucher – hat inzwischen geschlossen, dafür gibt es nun am Ostufer eine offizielle Badestelle. Seidenweich ist das moorige Wasser und im Sommer angenehm warm. An langen Sommerabenden zirpen die Grillen, und es duftet nach frisch gemähtem Heu. Ein paar SUPs gleiten lautlos übers Wasser.

Barmsee

Nach ausgedehnter Pause dann weiter in Richtung Bauerndorf Gerold – eine oberbayerische Idylle mit einer Handvoll Bauernhöfe und einer Kapelle. Quer durch den Ort läuft man über die Hauptstraße und durch eine Fußgängerunterführung auf die andere Straßenseite. Nach links führt der Weg nach Klais auf dem Rad- und Wanderweg, der parallel zu den Bahngleisen verläuft.

Abendstimmung am Geroldsee

Eine nette kleine Einkehr unterwegs: die Schmankerl-Alm unweit des Bahnhofs von Klais mit hübschem Biergarten direkt am Wanderweg. Weiter geht es zum Ortsausgang, dann links und weiter über die Bahngleise in Richtung Krün. Der Grubsee, etwa 35 Minuten zu Fuß entfernt, ist ausgeschildert.

Blütenwiese

Hinter einer Unterführung geht es nach rechts und ein kurzes Stück auf dem Fußgängerweg parallel zur Bundesstraße. An einer hölzernen Brücke zweigt ein Wanderpfad links ab und führt zunächst durch die Buckelwiesen, bis er in einen Waldweg zum Grubsee mündet. Auf einem schmalen Uferweg spaziert man am verschwiegenen Waldsee entlang. Die Zacken des Zugspitzmassivs, die sich im Wasser spiegeln, lugen hinter den Bäumen hervor.

Grubsee

Am Grubsee lockt ein Familienstrandbad mit Kiosk, Umkleiden, Rutsche und Bootsverleih. Perfekt, um mit einem letzten Bad den Tag ausklingen zu lassen. Hinter den Umkleidekabinen geht es wieder zum Wanderweg (Krün, 35 Min., Nr. 405). Unterwegs versorgt das Hotel-Restaurant Barmsee mit Aussichtsterrasse hungrige Wanderer. Zurück nach Krün geht es zunächst entlang der Straße, dann durch Wiesen – immer den Wegweisern folgend.

Info

Lage: Krün liegt etwa 16 Kilometer östlich von Garmisch-Partenkirchen. Ausgangspunkt der Wanderung: Wanderparkplatz an der Krottenkopfstraße in Krün

Aktivitäten:

- Wanderung: 16,2 Kilometer, 180 Höhenmeter, vier Stunden. Leichte, aber lange Rundwanderung auf asphaltierten Wegen, Schotterwegen und Waldwegen. Ein Traum an warmen Sommertagen, wenn die Seen zum Baden locken. Allerdings dann möglichst die Mittagszeit meiden, da viele Wegpassagen keinen Schatten bieten. Besonders schön sind Stimmung und Licht ab dem späten Nachmittag. Aber auch an goldenen Herbsttagen und im Frühling zur Krokusblüte eine wunderbare Runde, die auch mit dem Fahrrad machbar ist.
- Bademöglichkeiten an allen drei See: Der Badebereich des Geroldsees befindet sich am Ostufer, am Grubsee bietet das Schwimmbad auch Umkleiden, Rutsche, Bootsverleih und Kiosk.

Einkehr:

- Schmankerl-Alm Karwendelblick: Bahnhofstraße 22, 82493 Krün-Klais
- Kiosk im Strandbad am Grubsee
- Alpengasthof Barmsee: Am Barmsee 9, 82494 Krün, *barmsee.de/alpengasthof-barmsee*

39 Auf der Zugspitze

TOP OF GERMANY

Die Zugspitze im Wettersteingebirge ist mit 2962 Metern der höchste Gipfel Deutschlands. An klaren Tagen hat man von oben 360-Grad-Rundumsicht auf rund 400 Berggipfel in vier Ländern. Einer der Gründe, auf das Dach Deutschlands zu gondeln oder mit der historischen Zahnradbahn nach oben zu fahren.

Möglicherweise standen Hirten vor der offiziellen Erstbesteigung der Zugspitze längst auf dem Gipfel und hängten es nicht an die große Glocke. Die erste dokumentierte Besteigung der Zugspitze fand am 27. August 1820 statt. Damals erreichte Leutnant Josef Naus mit Bergführer und einem Burschen den Gipfel des Bergs mit seinen fast senkrecht aufragenden Flanken.

Auf der Zugspitze, im Hintergrund die Wetterstation

Die Zugspitzbahn verbindet Garmisch-Partenkirchen mit der Zugspitze, ab Grainau fährt sie als Zahnradbahn weiter zum Zugspitzplatt. Die 4453 Meter lange unterirdische Trasse durch das Bergmassiv war eine technische und logistische Meisterleistung. Bis zu 2500 Männer arbeiteten zwei Jahre lang unter widrigen Bedingungen, bis am 8. Juli 1930 ein staunendes Publikum die Jungfernfahrt der Zahnradbahn zum Schneefernerhaus erlebte. Seit 1985 führt eine neue Tunneltrasse direkt zum Zugspitzplatt.

Bevor man sich auf den Weg macht, sollte man sich unbedingt nach den Wetterprognosen erkundigen. Der Ausflug ist enttäuschend, wenn es oben wolkenverhangen ist. Ein Tipp für die Fahrt nach oben: Das Rundreiseticket gilt für die 2017 eröffnete hochmoderne Gondelbahn und die nostalgische Zahnradbad gleichermaßen, man kann also beides kombinieren. Wer gleich mit der ersten Gondel nach oben schwebt, gehört zu den ersten Besuchern am Gipfel und genießt den Blick ohne Gedränge. Auf dem Weg zurück kann man sich Zeit lassen und rattert gemütlich mit dem historischen Gefährt zurück ins Tal.

Wählt man den Auftakt mit der Gondel zur Bergstation, genießt man schon aus den verglasten Kabinen einen grandiosen Blick übers Alpenvorland und den karibikgrün schimmernden Eibsee. Von der Gipfelterrasse blickt man auf das goldene Gipfelkreuz auf dem Ostgipfel und bei klarer Sicht auf rund 400 Gipfel in Deutschland, Österreich, der Schweiz und Italien. Ein tolles Rundum-Panorama!

Von der deutschen Gipfelterrasse spaziert man am Münchner Haus vorbei, einer Alpenvereinshütte, das schon 1897 eröffnete. Neben Hightech also auch noch ein bisschen Nostalgie auf dem Gipfel. Jetzt kann man ganz gemütlich am alten Zollhaus die Grenze nach Österreich überqueren, genießt den etwas anderen Blickwinkel nach Ehrwald. Hat man sich hinreichend umgeschaut, bringt die Gletscherseilbahn Besucher hinunter auf das 350 Meter tiefer gelegene Zugspitzplatt mit dem höchsten Skigebiet Deutschlands. Die Zugspitz-Kapelle Maria Heimsuchung ist ein Superlativ der anderen Art: die höchste Kapelle Deutschlands.

Zollhaus

Den GletschErlebnisWeg erreicht man vom Gletscherrestaurant aus in 15 Minuten. Er vermittelt an fünf interaktiven Stationen Wissenswertes über die Welt aus Schnee und Eis und hochalpine Landschaftsformen. Nach der kleinen Expedition in den Schnee kann man im Liegestuhl auf der Terrasse des Gletschergartens den Besuch auf der Zugspitze ausklingen lassen.

Wandern auf dem Zugspitzplatt

Info

Lage: Die Zugspitze liegt Luftlinie etwa zehn Kilometer südwestlich von Garmisch-Partenkirchen. Die Zugspitzbahn führt von Grainau, eine Seilbahn vom Eibsee aus auf den Gipfel.

Aktivitäten:

- Zugspitzbahn: Die Rundreise mit drei verschiedenen Bahnen kombiniert sämtliche Highlights rund um die Zugspitze. Eingeschlossen ist die Anreise mit der Seilbahn ab Eibsee auf die Zugspitze. Mit der Gletscherbahn dann hinunter zum Zugspitzplatt und mit der historischen Zahnradbahn vom Zugspitzplatt über Eibsee und Grainau nach Garmisch-Partenkirchen. Oder andersherum; *zugspitze.de/de/Zugspitze*
- Museen am Gipfel: Die Dauerausstellung „Faszination Zugspitze" führt in die Geschichte des Alpinismus am Berg ein. Highlights sind ein Glasboden mit Blick in die Tiefe und die höchstgelegene 3D-Show Europas. Nebenan liegt die frei zugängliche Schneekristall-Welt.

Einkehr: Auf der Zugspitze gibt es drei Restaurants: das Selbstbedienungsrestaurant Sonnalpin, das À-la-carte-Restaurant Gletschergarten am Zugspitzplatt und auf der Besucherterrasse das Gipfelrestaurant Panorama 2962.

40 Königsschloss Linderhof

LUDWIGS TRAUMSCHLOSS IM GRASWANGTAL

Im verschwiegenen Graswangtal liegt Linderhof, das intimste und wohnlichste Schloss des Märchenkönigs Ludwig II., inmitten eines traumhaften Gartens mit lauter kleinen Schätzen, der zu Spaziergängen einlädt.

Ludwig II. von Bayern (1845 bis 1886) schuf prächtige Schlossbauten wie Neuschwanstein im Allgäu und Herrenchiemsee im Chiemgau. Nur das kleine Linderhof wurde vollendet – wenn auch erst kurz nach dem Tod des Königs, der unter nie geklärten Umständen im Starnberger See ertrank. Linderhof ist für viele auch das schönste der Königsschlösser, das wohnlichste ist es allemal. Ludwig, für den das Schlösserbauen Leidenschaft war, verbrachte hier deutlich mehr Zeit als in den anderen königlichen Bauwerken. Alle Ludwig-Schlösser gehören seit 2025 zum UNESCO-Welterbe.

Wer eine Innenbesichtigung plant, besorgt ein Ticket am Eingang zum Park. Es schließt eine Führung, die ca. 25 Minuten dauert, ein. Nicht prunkvoll und protzig, sondern filigran und in strahlendem Weiß liegt Schloss Linderhof inmitten des Schlossparks. Wer noch Zeit vor der Führung hat, erklimmt schon mal die Freitreppe gegenüber vom Schloss für den besten Fotoblick auf Linderhof mitsamt Springbrunnen, die jede halbe Stunde sprudeln, und Blumenrabatten im französischen Stil. Auch die Kaskaden auf der Rückseite des Schlosses sind einen Blick wert.

Im Schloss fühlt man sich fast wie in einem Einfamilienhaus, wenn auch die Ausstattung natürlich vom Feinsten ist. Die Dimensionen sind überschaubar. Mittelpunkt des königlichen Appartements ist das Schlafzimmer mit dem riesigen Bett in Ludwigs Lieblingsfarbe Blau. Es erinnert an das Schlafgemach des Sonnenkönig Ludwig XIV. in Versailles.

Im Speisezimmer ist das „Tischlein-deck-dich" ein Symbol für die Zurückgezogenheit des Königs, der an dem bis in die Küche versenkbaren Tisch ohne die Anwesenheit von Dienern speisen konnte. Stattdessen umgaben ihn imaginäre Seelenverwandte aus dem Frankreich des Sonnenkönigs. Ein Höhepunkt der Führung ist der prunkvolle Spiegelsaal, den der Nachtmensch Ludwig wohl selten tagsüber nutzte. Umso faszinierender muss die Wirkung der Spiegel im Licht von unzähligen Kerzen und kostbaren Kristalllüstern gewesen sein.

Mindestens ebenso schön wie das Schloss selbst ist der Schlosspark – ein Gesamtkunstwerk, in dem Ludwig kleine „Fluchtburgen" schuf, die Besucher in die Geisteswelt des Königs entführen. Man spaziert vorbei an Blumenrabatten, Skulpturen und plätschernden Brunnen. Überall warten kleine Entdeckungen, die die Fantasie beflügeln.

Hier und da begegnet man beim Spaziergang dem Wagner-Fan Ludwig, der Schauplätze aus Wagner-Opern nachempfinden ließ. Die Hundinghütte etwa, in der Ludwig Met-Gelage nach germanischem Vorbild zelebrierte, entführt in den ersten Akt der „Walküre". Die Einsiedelei des Gurnemanz – eine Nachbildung des zerstörten Originals – erinnert an den dritten Akt des „Parsifal", die Venusgrotte (bis voraussichtlich 2024 wegen Restaurierungsarbeiten geschlossen) an den ersten Akt von „Tannhäuser". Sie war das Meisterstück des Königs. Gern ließ sich Ludwig, der keinesfalls nur ein weltferner Märchenkönig war, sondern auch ein „Technik-Freak", in einem elektrisch betriebenen Muschelkahn über den See fahren. Die künstliche Tropfsteinhöhle mit See und Wasserfall war farbenfroh ausgeleuchtet. Den Strom lieferten zwölf Dynamos im Maschinenhaus ganz in der Nähe, einem der ersten bayerischen Elektrizitätswerke.

Einsiedelei des Gurnemanz

Der Maurische Kiosk dagegen, den Ludwig auf der Pariser Weltausstellung 1867 entdeckte und aufkaufte, erzählt von den Orientfantasien des Königs. Sogar eine Kopie des persischen Pfauenthrons ließ er einfügen. Auch das Marokkanische Haus war zuerst auf einer Weltausstellung zu sehen. In exotische Gewänder gekleidete, auf Teppichen hockende Diener prägten die lebenden Bilder, die Ludwig von Zeit zu Zeit inszenierte.

Besonders schön ist der Parkspaziergang an Sommerabenden, wenn die meisten Besucher längst weitergefahren sind und man die königlichen Plätze fast für sich allein hat.

Maurischer Kiosk

Info

Lage: Schloss Linderhof liegt etwa elf Kilometer westlich von Ettal; Linderhof 12, 82488 Ettal

Aktivitäten:

- Schloss Linderhof: Das Schloss kann nur im Rahmen einer Führung besichtigt werden, die ca. 25 Minuten dauert; Linderhof 12, 82488 Ettal, *schlosslinderhof.de*
- Marokkanisches Haus, Maurischer Kiosk, Hundinghütte und Einsiedelei des Gurnemanz: *schlosslinderhof.de/deutsch/park/entsteh.htm*
- Wasserspiele: Fontäne zu jeder halben Stunde im Sommer

Einkehr:

- Gröbl-Alm: Am Raut 1, 82488 Graswang, *groebl-alm.de*

41 Passionsspielort Oberammergau

SCHAUSPIELER, LÜFTLMALER UND HOLZSCHNITZER

1633 erreichte eine Pestepidemie Oberammergau. Sollten sie verschont bleiben, würden sie alle zehn Jahre die Passion Christi aufführen, gelobten die Oberammergauer. Die Seuche macht Halt vor dem kleinen Ort – und aus Bauern wurden Schauspieler. Die Oberammergauer aber hielten an ihrer Tradition fest. Sie sorgt für Spielfreude und klingelnde Kassen, natürlich auch für eine gute Portion Aufregung in der 5000-Seelen-Gemeinde. 2020 wollte man die Passionsspiele zum 42. Mal auf die Bühne bringen. Das verhinderte eine Seuche des 20. Jahrhunderts: Wegen der Corona-Pandemie wurde die Passion auf 2022 verschoben.

Auch wenn man nicht gerade in einem Passionspieljahr vor Ort ist – der erste Weg führt vermutlich zum Passionsspielhaus, wo Besucher einen Blick auf die Bühne werfen können und in einer Ausstellung Einblick in die Geschichte der Spiele bekommen. Diese wurden über die Jahre professionalisiert, keine Frage. Ein gewaltiger Kraftakt sind sie geblieben, denn immer noch ist die Passion ein Laienspiel, das fast die Hälfte der Einwohner Oberammergaus vor oder hinter der Bühne beschäftigt.

> **Weit über die Grenzen Bayerns hinaus kennt man den Namen Oberammergau. Dafür sorgt ein Großereignis, das alle zehn Jahre das Leben im kleinen Ort umkrempelt. Dann werden zahlreiche Bewohner einen Sommer lang zu Schauspielern und erzählen auf der Bühne des Passionsspielhauses die Geschichte der Passion Christi.**

Ein junges Team um Spielleiter Christian Stückl, gebürtiger Oberammergauer, der im Hauptjob das Münchner Volkstheater leitet, brachte frischen Wind in alte Strukturen. Die Oberammergauer diskutierten derweil ausgiebig die Frage, ob die Darstellerin der Maria älter als 35 und noch dazu verheiratet sein dürfe. Sie durfte schließlich, und nicht nur das: Auch Einwohner, die nicht in Oberammergau geboren wurden, dürfen nun mitwirken, wenn sie wenigstens zwanzig Jahre im Ort ansässig sind.

Passionsspielhaus

Eine Besonderheit der Region sind „Lüftlmalereien", illusionistische Fassadenmalereien mit vorwiegend religiösen Motiven, die sich im 18. Jahrhundert besonders im Werdenfelser Land großer Beliebtheit erfreuten. Der Name für den Regionalstil geht auf Franz Seraph Zwinck (1748 bis 1792) zurück, den wohl berühmtesten „Lüftlmaler", der zeitweise im Haus „Zum Lüftl" lebte. Neben Mittenwald gehört Oberammergau zu den Orten mit den schönsten Schmuckfassaden.

Von Zwinck stammt auch das wohl schönste Beispiel: das Pilatushaus (Ludwig-Thoma-Straße 10), das er 1784 mit Scheinarchitektur und religiösen Szenen

Pilatushaus

aufs Bunteste schmückte. Im Erdgeschoss geben die „Lebenden Werkstätten" Einblick in eine andere Oberammergauer Volkskunst: die Holzschnitzerei. Sie kam im 16. Jahrhundert auf, um Bauern ein Zubrot zu verschaffen. Heute noch gibt es in Oberammergau etwa 60 Holzbildhauer, die Heiligenfiguren genauso wie Gebrauchsgegenstände schnitzen. Einigen kann man in den „Lebenden Werkstätten" bei der Arbeit über die Schulter schauen.

Holzschnitzereien

Religiöse Lüftlmalerei

Info

Lage: Oberammergau liegt 20 Kilometer nördlich von Garmisch-Partenkirchen. Ausgangspunkt für den Spaziergang: Passionswiese, 82487 Oberammergau

Aktivitäten:

- Passionstheater: Theaterstraße 6, 82487 Oberammergau, *passionsspiele-oberammergau.de/de/besuch/passionstheater-2*
- Lebende Werkstätten im Pilatushaus: Ludwig-Thoma-Straße 10, 82487 Oberammergau, *gemeinde-oberammergau.de/de/gemeindliche-einrichtungen/pilatushaus*

Einkehr:

- Altes Sägewerk, Eugen-Papst-Straße 9a, 82487 Oberammergau, *altessägewerk.de*

42 Kloster Ettal

KUNSTGENUSS UND KULINARISCHE FREUDEN

1330 gründete der exkommunizierte Kaiser Ludwig der Bayern Kloster Ettal, die Benediktinerabtei mit der mächtigen Kuppel, die das Herzstück des gleichnamigen Ortes ist. Seine Blütezeit erlebte das Kloster im 17./18. Jahrhundert, als die Wallfahrt zu „Unserer lieben Frau Stifterin von Ettal" begann. 1900, fast 100 Jahre nach der Säkularisation – der Verstaatlichung des klösterlichen Besitzes –, zogen wieder Benediktinermönche ein.

Die mächtige Kuppel der Basilika grüßt schon aus der Ferne. Keine Frage – das Benediktinerkloster Ettal ist ein Hingucker. Außerdem immer noch ein aktives Kloster, wo man seit mehr als 400 Jahren Bier braut, aber seit ein paar Jahren auch in Zusammenarbeit mit Ammergauer Bauern Käse produziert. Eine Adresse für Genießer also.

Heute leben und arbeiten im Kloster Ettal rund 50 Brüder. Neben einer Schule betreiben sie das Hotel „Ludwig der Bayer" mit Gastronomie, eine Käserei, eine Brauerei, eine Liqueurmanufaktur und mehrere Läden. Ein kleines Genießerparadies.

Hinter der Ettaler Schaukäserei außerhalb der Klostermauern stehen 37 Landwirte aus Ettal und den umliegenden Gemeinden, die zusammen mit dem Kloster eine Genossenschaft gründeten. Sie produzieren feine Käsespezialitäten von Ammergauer Bierkäse bis Ettaler Klosterkäse, die man mitnehmen kann. Auch Käsebrotzeiten auf

An der Schaukäserei

die Hand sind im Angebot, und an bestimmten Terminen können Besucher beim Käsen zuschauen.

Über den Alpengarten geht es von der Käserei direkt zum Kloster. Im riesigen Klosterhof ragt die Basilika mit ihrer mächtigen Kuppel auf, spiritueller Mittelpunkt der Klosteranlage. Ihr größter Schatz ist das Kuppelfresko von Johann Jakob Zeiller. Man glaubt einen Blick in den Himmel zu werfen, wo eine große Schar von Heiligen versammelt ist, um die Größe Gottes zu preisen. Den Besuchern, die unter der Kuppel stehen, wird das Ziel der christlichen Lebensreise vor Augen geführt: die Anschauung des lebendigen Gottes.

Nach den Kunstschätzen kann man sich den flüssigen Klosterschätzen zuwenden. Die berühmtesten Produkte wie der Ettaler Klosterliqueur und das Ettaler Klosterbier werden vorwiegend in klostereigenen Betrieben hergestellt. In der Klosterbrauerei auf der

Ettaler Klosterbraurei

Rückseite der Klosteranlage wird seit mehr als 400 Jahren Bier gebraut –eine der wenigen echten Klosterbrauereien, die noch in Händen von Mönchen sind. Hier trifft bei der Produktion Tradition auf modernste Brautechnologie. Details erfährt man auf bei einer Führung.

Ein süßes Produkt aus der Klosterproduktion ist der Ettaler Klosterliqueur, dessen Wurzeln in der klösterlichen Heilkunde im Mittelalter liegen. Die Rezepturen gaben die Mönche in Rezeptbüchern weiter. Wenn man nicht zu den Führungsterminen der Brauerei vor Ort ist, kann man im „Bräustüberl", dem Restaurant des Klosterhotels Ludwig der Bayer, zu bayerischen Schmankerln das Bier aus der Klosterbrauerei testen.

Und wenn es gut geschmeckt hat, kann man im Souvenirshop noch das ein oder andere kulinarische Souvenir wie einen Klosterlliqueur erstehen.

Kloster Ettal

Barocke Klosterkirche

Info

Lage: Das Kloster Ettal liegt rund fünf Kilometer südlich von Oberammergau und etwa vier Kilometer westlich von Oberau; Kaiser-Ludwig-Platz 1, 82488 Ettal

Aktivitäten:

- Besuch der Basilika, Brauereibesichtigung, Führung durch die Liqueurmanufaktur, Klostermarkt mit kulinarischen Souvenirs; *klosterhotel-ettal*

Einkehr:

- Bräustüberl mit Biergarten: Kaiser-Ludwig-Platz 10-12 (im Hotel Ludwig der Bayer), 82488 Ettal, *klosterhotel-ettal.de/kulinarik/gaststuben-und-saele/braeustueberl*
- Café 1330 im Klosterinnenhof: *klosterhotel-ettal.de/kulinarik/cafe-1330*

Tegernseer Land

Rathaus in Tegernsee

Tegernseer Land

43. Slyrs: Whisky vom Schliersee
44 Höhenweg Tegernsee: aber bitte mit Ausblick!
45. Spitzingsee: Boot fahren und baden
46. Wildbad Kreuth: ab in die Wolfsschlucht
47. Josefsthaler Wasserfälle: ein nasses Vergnügen
48. Tegernsee: mit dem Schiff um den See
49. Büttenpapierfabrik Gmund am Tegersee: ein Blick hinter die Kulissen
50. Das Engtal im Karwendel: Indian Summer auf dem Ahornboden

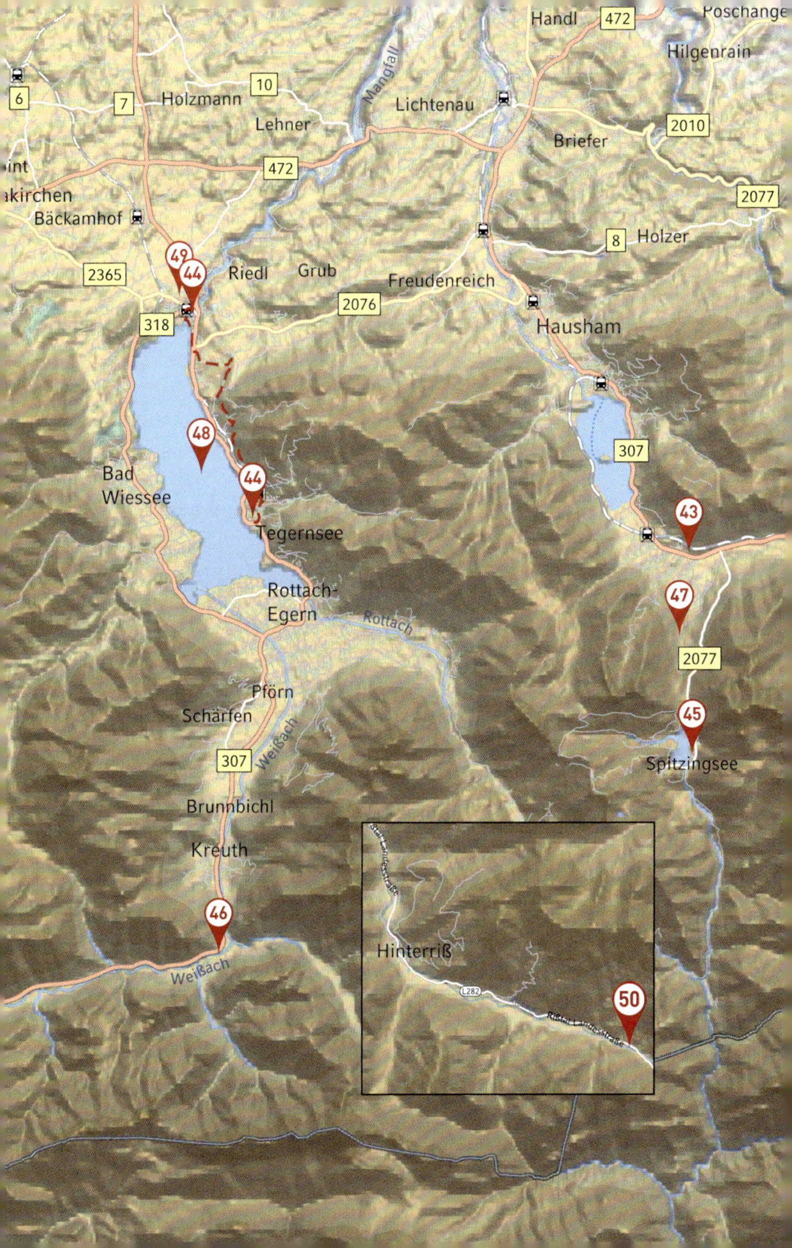

Handl
472
Poschange
Hilgenrain
6
7
Holzmann
10
Lehner
Mangfall
Lichtenau
Briefer
2010
int
akirchen
472
2077
Bäckamhof
8
Holzer
2365
49
44
Riedl
Grub
Freudenreich
318
2076
Hausham
48
307
Bad
Wiessee
44
Tegernsee
43
Rottach-
Egern
Rottach
47
2077
Pförn
Schärfen
Weißach
45
Spitzingsee
307
Brunnbichl
Kreuth
46
Weißach
Hinterriß
L282
50

43 Slyrs

WHISKY VOM SCHLIERSEE

Bayern und Bier gehören zusammen. Aber Whisky gehört eindeutig nach Schottland, oder? Dass bayerischer Whisky vom Schliersee mehr als nur ein Gag ist, hat sich längst herumgesprochen. Und ein Besuch in der Destillerie ist längst mehr als ein Schlechtwetterprogramm für Besucher.

Whisky vom Schliersee

Der Name Slyrs (ausgesprochen: Schliers) klingt gälisch und ist es auch. Im ausgehenden 8. Jahrhundert nämlich gründen Mönche aus Irland und Schottland auf ihrer Missionsreise ein Kloster in der bayrischen Provinz, unweit vom Schliersee und nannten es „Slyrs". Das Kloster gab der gesamten Region den Namen und 1220 Jahre später auch dem ersten bayerischen Single Malt Whisky.

Die Idee dazu kam dem bayerischen Brauer und Destillateurmeister Florian Stetter auf einer Reise nach Schottland. Er erkannte Parallelen zwischen bayerischer und schottischer

Mentalität, aber auch in der Einzigartigkeit der Natur. Eine Wette schließlich führte zum Experiment mit Whisky „made in Bavaria". 1999 destillierte man den ersten Single Malt am Schliersee, der 2002 auf den Markt kam und gleich für Furore sorgte. Längst ist Slyrs eine etablierte Marke, die guten Tropfen sind preisgekrönt.

Bayerische Gerste und Gebirgsquellwasser sind beste Grundstoffe, der Rest ist Handwerk. Über die Prozesse des Gärens und der Destillation kann man sich auf geführten Besichtigungen oder beim Rundgang in Eigenregie informieren. Und nach der informativen Runde kann man in der Probierstube mehrere Sorten nicht nur erschnuppern, sondern sie auch verkosten.

In der Fasshalle

Info

Lage: Der Schliersee liegt etwa acht Kilometer südlich von Miesbach. Slyrs Destillerie: Bayrischzeller Straße 13, 83727 Schliersee

Aktivitäten:

- Destilleriebesichtigung in Eigenregie (inklusive Film, Rundgang und Verkostung) oder bei Führungen (nur mit Voranmeldung); *slyrs.de*

Einkehr:

- Genussverweilerei: *genussverweilerei.de*

44 Höhenweg Tegernsee

ABER BITTE MIT AUSBLICK!

In Gmund am See startet der Höhenweg am Wanderparkplatz. Dort einfach nur die Straße nach Tegernsee überqueren und in die nächstgelegene schmale Straße nach links einbiegen, die hangaufwärts durch eine Siedlung führt. Hat man die letzten Häuser hinter sich gelassen, genießt man schon den ersten Blick über die Weiden auf den See, die Tegernseer Berge und Rottach-Egern mit seinem Jachthafen. Tegernseer Land vom Feinsten. Was für ein Einstieg!

Ein Tag an einem der Lieblingsseen der Münchner mit einer aussichtsreichen kleinen Wanderung, ein bisschen Flanieren am See, Leute gucken im Szenecafé oder zünftiger im Bräustüberl. Dann vielleicht im Strandbad den Tag ausklingen lassen. Hört sich das nach einem tollen Tagesprogramm an?

Dann geht quer durch einen Wald mit plätscherndem Bach und vorbei an Bauernhöfen mit beneidenswerter Aussicht. Meist ist der Weg eben, breit sowieso, und damit auch kinderwagentauglich. Im weiteren Verlauf der Strecke kommen jedoch auch steilere Passagen, die Schubkraft erfordern. Unterwegs laden immer wieder Bänke zum Verweilen ein. Schließlich muss man die herrlichen Blicke ausgiebig genießen.

Wenn die ersten Häuser des Ortes Tegernsee auftauchen, geht es stetig bergab auf einer Anliegerstraße in Richtung Bahnhof. Wer mag, steigt dort in den nächsten Zug, der Wanderer in wenigen Minuten zurück zum Ausgangspunkt bringt. Die schönere Alternative zurück nach Gmund ist der Seeweg. Die Schiffe der Tegernseeschifffahrt legen nicht weit vom Bahnhof am Ufer ab. Für welche Option man sich auch immer entscheidet, am besten hält man nach den Abfahrtszeiten Ausschau, um die verfügbare Zeit bis zur Abreise zu kalkulieren.

Es lohnt sich auf jeden Fall, noch ein bisschen Zeit in Tegernsee zu vertrödeln, auf der Promenade auf und ab zu flanieren und natürlich einzukehren. Ein Muss ist der Spaziergang zum Kloster Tegernsee, das Benediktinermönche vor 1260 Jahren am Südostufer des Sees gründeten und später um eine Brauerei ergänzten. Stolz des Klosters war die Klosterbibliothek mit 40.000 Handschriften, die mit führenden Bibliotheken der christlichen Welt mithalten konnte.

Blick auf den See vom Tegernseer Höhenweg aus

Kloster Tegernsee überlebte die Säkularisation 1803 nicht. Dafür machte der erste bayrische König Max I. Joseph das säkularisierte Kloster zur Sommerresidenz. Das Brauhaus, heute das Herzoglich Bayerische Brauhaus Tegernsee, in dem immer noch großartiges Bier gebraut wird, blieb erhalten. Im Herzoglichen Bräustüberl kann man es zu traditioneller bayerischer Küche genießen.

Wenn es nicht deftig und rustikal sein soll: Unweit des Schiffsanlegestegs liegt das Schloss-Café Aran, ein neuer Szenespot in allerbester Lage am See, in dem man herrlich abhängen kann. Am schönsten sind die Plätze auf der verglasten Veranda, die auch im Winter einen tollen Seeblick ermöglichen. Im Sommer fühlt man sich, gestreichelt von der frischen Seebrise, fast ein bisschen wie am Meer. Spezialitäten des Kaffeehauses mit hauseigener Konditorei sind Brote mit fantasievollen Aufstrichen, aber auch die Kuchen sind sehr fein.

Café Aran mit Blick auf den See

Malerisch gelegener Tegernsee

Info

Lage: Der Tegernsee liegt etwa 50 Kilometer südlich von München. Ausgangspunkt der Wanderung: Wanderparkplatz Seeglas, Gmund am See

Aktivitäten:

- Wanderung: 4,1 Kilometer, 140 Höhenmeter im Aufstieg, 200 Meter im Abstieg, 1,5 Stunden. Rückfahrt zum Ausgangspunkt mit BRB oder Schiff.
- Schifffahrt Tegernsee: Seestraße 70a, 83684 Tegernsee, *seenschifffahrt.de/de/tegernsee/fahrplan/fahrplan/*
- Bayerische Regiobahn: *brb.de*

Einkehr:

- Schloss-Café Aran: Seestraße 8, 83684 Tegernsee, *aran.coop*
- Herzogliches Bräustüberl Tegernsee: Schlossplatz 1, 83684 Tegernsee, *braustuberl.de*

45 Spitzingsee

BOOT FAHREN UND BADEN

Ein bisschen versteckt liegt der Spitzingsee hinter dem großen Bruder Schliersee auf 1100 Meter Höhe. Ein echter Bergsee also – einer der größten Bayerns. Ringsum grüßen Bergspitzen wie Rotwand, Stümpfling oder Brecherspitz. Ein wunderbares Ziel für die ganze Familie im Sommer wie im Winter.

Der perfekte Auftakt zu einem faulen Tag am See: eine Bootsfahrt. Der Bootsverleih hat Elektroboote, Ruderboote und Tretboote im Angebot. Wenn es ganz geruhsam sein soll, ist das E-Boot erste Wahl. Einsteigen und „Leinen los"! Gemächlich schippert man über den See, begleitet von Entenfamilien. Den Blesshühnern im Schilf kann man bei der Futtersuche im Schilf zusehen. Ringsum bewaldete Ufer und dahinter die Kulisse des Mangfallgebirges – wunderschön! Auch wenn es am Ufer voll sein sollte, auf dem See herrscht vollendete Ruhe. Einfach treiben lassen und genießen.

Bootsfahrt mit Kulisse

Zurück am Ufer kann man zum nächsten Badeplatz schlendern und den Tag auf der Liegewiese ausklingen lassen. Wenn es doch noch etwas Bewegung sein soll, spaziert man gemächlich in einer Stunde rund um den See. Keine Chance, in Stress zu geraten.

Unweit der Kirche führt ein Abzweig in ca. 20 Minuten zum kulinarischen Tagesfinale in der Albert-Link-Hütte. Der breite Weg führt durch eine grüne Idylle bis zur Hütte, die mit dem Spielplatz auch ein Familienparadies ist. Der Kaiserschmarrn ist berühmt, aber auch feine deftige Speisen locken. Kultstatus genießt das Holzofenbrot aus der hütteneigenen Brotmanufaktur. Für ein knuspriges Mitbringsel unbedingt Platz im Rucksack lassen.

Gemütliche Tretboottour über den See

Info

Lage: Der Spitzingsee liegt etwa acht Kilometer südlich vom Schliersee. Ausgangspunkt: Spitzingstraße 4, 83727 Schliersee (an der Kirche)

Aktivitäten:

- Bootsverleih Spitzingsee: Seeweg 1, 83727 Spitzingsee, *simon10404.wixsite.com/meinewebsite*

Einkehr:

- Albert-Link-Hütte: Valepperstraße 8, 83727 Schliersee, *alpenverein-muenchen-oberland.de/huetten/alpenvereinshuetten/albert-link-huette*

46 Wildbad Kreuth

AB IN DIE WOLFSSCHLUCHT

Gemütlich ist der Einstieg der Wanderung bei Kreuth, wildromantisch das Finale in der Wolfsschlucht – ein Stück Wildnis im lieblichen Tegernseer Land. Die Siebenhüttenalm auf dem Rückweg ist eine urige Einkehr, bei einem Abstecher ins historische Wildbad Kreuth wartet dagegen Kur-Nostalgie.

Siebenhüttenalm

Das Gebiet um das heutige Wildbad Kreuth gehörte bis zur Säkularisation dem Kloster Tegernsee. Schon früh entdeckten die Mönche die heilsame Wirkung des Wassers der Schwefelquelle, die Hautkrankheiten und Gelenkleiden linderte. Abt Heinrich V. ließ 1511 an der Quelle ein Badhaus errichten, aus dem später das noble Wildbad Kreuth hervorgehen sollte, und sicherte dem Kloster zusätzliche Einkünfte. 1818 kauften die Wittelsbacher das Anwesen, und Star-Architekt Leo von Klenze baute den zweiflügeligen heutigen Bau. Bad Kreuth (heute Wildbad Kreuth) wurde königliche Heilstätte.

Es begann eine glanzvolle Ära mit prominenten Gästen von Kaiser Franz Joseph I. von Österreich bis zum russischen Zaren. Nach dem Zweiten Weltkrieg wagte man einen Neubeginn, aber 1973 war die Kurbad-Ära endgültig beendet. 1974 bis 2016 waren die Räumlichkeiten Bildungszentrum der Hanns-Seidel-Stiftung, und im Winter fanden die Klausurtagungen der CSU hier statt. Die Zukunft wird vermutlich wieder glanzvoller – ein Investor plant ein spirituelles Retreat. Ein lohnender Abstecher vor der Wanderung.

Vom Parkplatz Siebenhütten spaziert man dann auf einem breiten, ebenerdigen Weg an der Felsweißach entlang. Nach rund 20 Minuten erreicht man die Siebenhüttenalm mit Biergarten, die im Sommer bewirtschaftet ist und idyllisch oberhalb des Bachs liegt. Die Wittelsbacher erwarben die Alm, die ursprünglich aus sieben Almhütten bestand, weil sie Ziegenmolke für Heil- und Schönheitsbäder benötigten. Dafür hielt man hier bis zu 500 Ziegen. Doch zunächst lassen wir die Alm im Wortsinn links liegen.

Weiter führt der Weg leicht ansteigend an der Weggabelung nach rechts, an einer Almhütte vorbei. Der Weg wird nun zusehends schmaler. Bald schon hat man wieder die Felsweißach erreicht, die munter plätschert. Verläuft sie zunächst noch unterhalb des Wanderpfads, liegen Wasser und Wanderweg bald schon auf einer Höhe. Es geht nun durch das breite Kiesbett des Bachs, in dem man sich den Weg suchen muss. Es handelt sich um einen historischen Saumpfad, der im Mittelalter die Klöster Tegernsee und St. Georgenberg bei Stans in Tirol verband. Wenn der Verlauf des Wegs zweideutig ist, helfen rot-weiße-Markierungen bei der Orientierung.

Wanderung durch die Felsweißach

Dann ein Abzweig, der Entscheidungsfreude erfordert: lieber zur Kleinen oder zur Großen Wolfsschlucht? Die Kleine Wolfsschlucht zur Linken ist eine traumhafte Sackgasse. Eine Felswand baut sich vor den Wanderern auf, von der sich ein schmaler, aber hoher Wasserfall in die Tiefe stürzt.

Wer mag, macht noch einen Schlenker zur Großen Wolfsschlucht. Auch dort ist für Genusswanderer Endstation. Die Kletterpartie auf die umliegenden Gipfel ist Bergfexen vorbehalten. Auf dem Rückweg gibt es in der Siebenhüttenalm leckere Brotzeiten, köstlichen Käsekuchen und mehr.

An der kleinen Wolfsschlucht

Info

Lage: Wildbad Kreuth liegt etwa zwölf Kilometer südlich vom Tegernsee. Ausgangspunkt der Wanderung: Wanderparkplatz Siebenhütten bei Wildbad Kreuth

Aktivität:

- Wanderung: zehn Kilometer, 180 Höhenmeter, zwei Stunden und 20 Minuten. Der erste Teil der Wanderung führt über breite, ebenerdige Weg, der letzte Teil bis in die Schlucht durch ein Kiesbett. Auf gleichem Weg geht es zurück.

Einkehr:

- Almwirtschaft Siebenhütten: 83708 Kreuth, *tegernseer-gastro.de/willkommen-in-siebenhuetten*

47 Josefsthaler Wasserfälle

EIN NASSES VERGNÜGEN

Ein kurzer Spaziergang führt vom Parkplatz durch den Wald, immer am Hachelbach entlang, zu den Josefsthaler Wasserfällen. Brechen sie auch mit zwölf Meter Höhe keine Rekorde, sind sie doch äußerst fotogen und zu jeder Jahreszeit ein tolles Ausflugsziel. Im Hochsommer kann man sich unter dem eiskalten Wasserfall erfrischen, im Herbst durchs bunte Laub rascheln und im Winter durch den Schnee stapfen. Ein Tipp ist der Ausflug bei Schmuddelwetter, wenn es garantiert nicht voll ist und die Fälle bei Regen sogar noch eindrucksvoller sind.

Ein spritziges Naturspektakel sind die Wasserfälle in der Nähe des Schliersees. Nach Lust und Laune kann man sie in einen Spaziergang oder eine kleine Wanderung einbauen und/oder mit Baden im Schliersee kombinieren.

Oberhalb des ersten Wasserfalls versteckt sich ein zweiter, den die meisten Besucher gar nicht kennen. Ein Weg führt zur Linken hinauf. Hinter dem kleinen oberen Fall liegt eine Almwiese, die zum Gebiet der nicht bewirtschafteten Stockeralm gehört. Ein schöner Platz für ein Picknick. Nach Lust und Laune kann man noch zur Alm aufsteigen und auf der alten Spitzingstraße bergab zurück ins Tal laufen, mit einer Stunde Wanderzeit und rund 150 Höhenmetern eine gemütliche Tour.

Beeindruckende Wasserfälle

Eine weitere Verlängerungsoption des Spaziergangs: vom südlichen Ufer des Schliersees in 45 Minuten bequem und ohne nennenswerte Steigung zu den Wasserfällen laufen. Der Vorteil: Der Parkplatz am See ist gesichert, sodass man im Sommer nach der Rückkehr gleich in den See springen oder im Gastgarten des Café Brunner zu Kaffee und Kuchen einkehren kann.

Info

Lage: Die Josefsthaler Wasserfälle liegen etwa vier Kilometer südlich vom Schliersee. Ausgangspunkt der Wanderung: Wanderparkplatz Josefstaler Straße, 83727 Schliersee

Einkehr:

- Cafe-Wirtshaus Brunnhof: Aurachstraße 1, 83727 Schliersee, *www.cafe-brunnhof.de*

48 Tegernsee

MIT DEM SCHIFF UM DEN SEE

Einen ganzen Tag auf dem See und am See verbringen – klingt das verlockend? Alle Arten von Booten vom Segelboot bis zum Elektroboot kann man rund um den Tegernsee bei mehreren Bootsverleihern mieten. Aber natürlich kann man auch ganz gemütlich mit den öffentlichen Schiffen der Tegernsee-Schifffahrt einmal rund um den See schippern und zwischendurch nach Lust und Laune an Land gehen. Bei der großen Rundfahrt darf man zweimal zwischendurch aussteigen zum Baden, Flanieren, Einkehren. Wo man einsteigt, ist eigentlich egal. Am besten vor Fahrtantritt den Fahrplan studieren.

Der Tegernsee ist Wanderrevier, Flanierparcours, Badeplatz. Er ist schön, von oben betrachtet und beim Schwimmen im See. Für eine zusätzliche Perspektive sorgt eine Bootsfahrt auf dem See. Die Qual der Wahl: ein Boot ausleihen für die individuelle See-Erkundung oder mit öffentlichen Schiffen einmal rund um den See schippern. Beides herrlich!

Eine Möglichkeit ist es, die Mini-Kreuzfahrt gleich in Gmund zu beginnen, dem Tor zum Tegernsee. Dann muss man sich nicht auf engen Straßen am See entlangquälen. An der Mündung der Mangfall, die ein natürliches Hindernis auf dem Weg zum Benediktinerkloster Tegernsee war, entstand schon früh ein Ort. Er ist bodenständig geblieben, und seine Attraktion ist kein Gourmet-Restaurant und keine Hotellegende, sondern eine Fabrik: In der Büttenpapierfabrik Gmund produziert man seit 1829 edle Papiere.

Dann alle Mann an Bord, ein Plätzchen an Deck suchen und den Wind um die Nase wehen lassen. Nächste Station: Tegernsee. Der Ort, der so heißt wie der See, entwickelte sich rund um das Kloster Tegernsee, das Gottesmänner vor 1200 Jahren in bester Seelage gründeten. Die Mönche trieben die Besiedlung rund um den Tegernsee voran, bis sie mit der Säkularisierung 1803 ausziehen mussten.

Brauhaus mit Einkehr

Der erste bayrische König Max I. Joseph machte das aufgelassene Kloster ein paar Jahre später zu seiner Sommerresidenz, und mit ihm kamen Adelige, Handwerker und Künstler ins Tegernseer Tal. Mit dem Ausbau der Eisenbahn auch vermehrt Ausflügler. Wie die Ära des Klosters

Kloster Tegernsee

ging auch das königliche Kapitel in Tegernsee zu Ende, dem das Zeitalter des Tourismus folgte. Geblieben ist über die Jahrhunderte das Herzoglich Bayerische Brauhaus, wo seit Zeiten der Mönche großartige Biere gebraut werden. Im dazugehörigen Bräustüberl – direkt neben der Pfarrkirche St. Quirin, die natürlich auch einen Besuch lohnt – kann man sich die ein oder andere Halbe zu deftigen bayrischen Speisen schmecken lassen. Aber natürlich kann man auch einfach entlang der Tegernsee-Riviera flanieren, sich ins Café setzen und Leute gucken, bevor es auf die nächste See-Etappe geht.

Am Südufer des Sees liegt Rottach-Egern zu Füßen des Wallbergs, einem der besten Aussichtsberge der Region. Mönche aus Kloster Tegernsee besiedelten die Region, denen eine Handvoll Bauern folgten. Nach und nach entstanden Ortschaften und Weiler, die zusammenwuchsen. Mit dem Beginn des Fremdenverkehrs wandelte Rottach-Egern sein Gesicht. So wartet hier eine weitere Flaniermeile am See, die sich mit Designer-Läden, schicken Hotels, Cafés und Gourmet-Restaurants mondän gibt. Bescheiden dagegen die Pfarrkirche St. Laurentius im Ortsteil Egern. Auf ihrem Friedhof ruhen einige der frühen „Promis" aus dem Tegernseer Tal: die Heimatschriftsteller Ludwig Thoma und Ludwig Ganghofer sowie der Maler und Karikaturist Olaf Gulbransson zum Beispiel, dazu Adelige und sogar russische Prinzen.

Badesteg in Gmund

Dann nimmt das Schiff Kurs aufs Westufer, wo das feine Bad Wiessee wartet. 1441 entdeckten Tegernseer Mönche dort eine Erdölquelle, erzählt die Legende. Es dauerte aber noch fast 400 Jahre, bis Ingenieure zum ersten Mal gezielt nach Erdöl gruben. Wegen magerer Ausbeute stellte man das Projekt wieder ein. Im Rahmen weiterer Bohrungen zu Beginn des 20. Jahrhunderts fand man einen ganz anderen Schatz: die stärkste jodschwefelhaltige Natriumchlorid-Thermalquelle Deutschlands, die König-Ludwig-III.-Quelle. Diese wurde als Heilquelle anerkannt, und ab 1922 war Wiessee Kurbad und Ziel der vornehmen Gesellschaft. Für gelangweilte Kurgäste gibt es ein Casino, in dem man die Urlaubskasse aufbessern oder verspielen kann.

Anlegestelle

In Gmund endet, falls man dort eingestiegen ist, die schöne Runde rund um den See. Wie wäre es zum Tagesfinale mit einer Badepause im Strandbad?

Info

Lage: Gmund liegt etwa 50 Kilometer südlich von München.

Aktivitäten:

- Schifffahrt Tegernsee: Seestraße 70a, 83684 Tegernsee, *seenschifffahrt.de/de/tegernsee/fahrplan/fahrplan*

Einkehr:

- Herzogliches Bräustüberl Tegernsee: Schlossplatz 1, 83684 Tegernsee, *braustuberl.de*

49 Büttenpapierfabrik Gmund am Tegernsee

EIN BLICK HINTER DIE KULISSEN

Den Weg vom Grundstoff Zellulose bis zum Premium-Papierprodukt lernt man in Gmund am Tegernsee auf einer Führung durch die traditionsreiche Papierfabrik kennen und kann eine Auswahl an Papieren und Karten natürlich auch im Shop erstehen.

Papier aus Gmund am Tegernsee in Hollywood? Aber sicher! Die goldglänzenden Umschläge, die man von Oscar-Verleihungen kennt, kamen viele Jahre lang aus der kleinen Papierfabrik an der Mangfall. Bis Donald Trump auf „America first" setzte. Die Liste der Premium-Unternehmen, die bei Gmund Papier ordern, ist aber sowieso beachtlich. Das Who's who der Kunden verrät der Führer auf einem Rundgang durch die heiligen Hallen des Traditionsunternehmens. Pralinenhersteller gehören dazu genauso wie die Großen der Automobilindustrie. Geschäftsberichte, Briefpapier, Menükarten und Verpackungen gehören zu den Produkten. Tradition trifft auf modernes Design und Kreativität – kein Wunder, dass die Papierfabrik Gmund Kult ist.

Ein Fabrikrundgang gewährt einen Blick hinter die Kulissen der Büttenpapierfabrik, die seit 1829 feinste Papiere fertigt. Damals kam der schwäbische Papiermacher Johann Nepomuk Haas an die Mangfall. Zellstoff von deutschen Buchen, kanadischen Fichten und Eukalytusbäumen aus Portugal – ausschließlich von nachhaltig bewirtschafteten Plantagen – wird zusammen mit dem Wasser der Mangfall, Stärke, Talkum und Füllstoff zu einem Brei vermengt und ausgiebig gerührt. Im sogenannten „Holländer" werden die Fasern mit sorgsam gemischten Farben verrührt und gleichmäßig eingefärbt.

Der nasse Brei nimmt dann Fahrt auf in zwei historischen Papiermaschinen, die immer noch bestens in Form sind. Der Oldtimer stammt aus dem Jahr 1886 und mechanisierte einst den Produktionsprozess, ein wunderbares Ungetüm aus der Frühzeit der Industrialisierung und die älteste gewerblich genutzte Papiermaschine Europas. Große Bewunderung

Papiermaschine

hat man beim Anblick der Maschine für die Menschen, die sie erfanden und zum Laufen brachten. Und wie wunderbar, dass der Dinosaurier auch nach rund 150 Jahren läuft und läuft. Die „moderne" Maschine walzt auch schon seit 1930 Papierbögen. Zweimal echte Wertarbeit.

Weiter geht es ins Lager, wo mächtige Papierrollen in unzähligen Farben lagern. Dann weiter zur Maschine, die Papierbahnen in Bögen zerteilt. Auf Wunsch der Kunden wird das Papier mit Prägungen oder Lack veredelt. Dann folgt die Qualitätskontrolle, bevor die Papiere in alle Welt verschickt werden. Rund 6000 Tonnen holzfreie Designpapiere mit einem Papiergewicht von 80 bis 500 Gramm pro Quadratmeter werden hier produziert. Insgesamt über 100.000 verschiedene Papiervarianten. Bier-Papier, Hanf-Papier, Kaschmir-Papier – die Ideen für neue Papierkreationen scheinen unerschöpflich.

Papier in allen Farben

Die Führung endet am Gmund Papier Shop, wo man die edlen Papiere sanft streicheln kann und als Tagebuch, Notizblock, Briefpapier, Kuvert oder Glückwunschkarte heimtragen kann. Wäre es nicht an der Zeit, mal wieder einen Brief zu schreiben? Und schließlich lockt das stylische Fabrikrestaurant Mangfallblau im Industriedesign mit feiner und gesunder Küche.

Restaurant in der Fabrik

Info

Lage: Gmund liegt etwa 50 Kilometer südlich von München. Büttenpapierfabrik Gmund: Mangfallstraße 5, 83703 Gmund am Tegernsee

Aktivitäten:

- Führungen: Anmeldung in der Tourist-Information Gmund, *gmund.com*

Einkehr:

- Fabrikrestaurant Mangallblau: Mangfallstraße 5, 83703 Gmund am Tegernsee, *mangfallblau.com*

50 Das Engtal im Karwendel

INDIAN SUMMER AUF DEM AHORNBODEN

Von Lenggries windet sich die Straße am Rißbach entlang nach Österreich, über Vorderriß dann auf einer Mautstraße nach Hinterriß. Eine schroffe Landschaft mit einem türkisgrün dahinrauschenden Bergbach, breitem Kiesbett und schroffen Gipfeln. Ein wildschönes Stück Natur, in dem sich viele Besucher wie mitten in Kanada statt wie im dicht besiedelten Mitteleuropa fühlen. Endstation ist das Engtal im Karwendelgebirge, umringt von schroffen Bergzacken. Hier – auch das lässt an Kanada erinnern – wachsen rund 2000 Ahornbäume. Bergahorn allerdings, eine besondere Spezies, die im Spezialklima und auf dem besonderen Boden des Tals bestens gedeiht. Mit ein bisschen Glück kann man hier einen Goldenen Oktober erleben. Doch glücklicherweise ist und bleibt die Natur eigenwillig. Wenn der Winter früh und heftig mit Eis und Schnee einzieht, sind die Blätter bräunlich und kraftlos und fallen vor der Zeit zu Boden.

Mitte Oktober ist die Zeit, wenn die Parkplätze im Tiroler Engtal bei Hinterriß – eine österreichische Enklave, die nur von Bayern aus erreichbar ist – bis auf den letzten Platz gefüllt sind. Dann möchten alle die Laubfärbung des Bergahorns auf dem Großen Ahornboden bewundern. Indian Summer in Tirol. Aber Spazierwege, Wanderwege und Berggasthöfe locken rund ums Jahr.

Nun hat das Jahr neben dem Oktober elf weitere Monate. Der Ahornboden ist auch im Frühjahr und Sommer wunderschön und nicht ganz so voll. Er ist ein Paradies für Wanderer, aber auch ohne Wanderstiefel lässt sich das Tal erkunden. Ein einfacher Spaziergang führt an den berühmten Ahornbäumen als Lehrweg – mit vielen Tafeln, die Interessantes über Almwirtschaft und Vegetation verraten – zum Almdorf Eng.

Almdorf auf dem Ahornboden

In den historischen Almhütten leben in den Sommermonaten seit eh und je Bauern aus dem Inntal. Ihre Kühe genießen auf saftigen Almweiden die Sommerfrische und laben sich an guten Bergkräutern. Die Milch der Kühe wird in der Käserei des Almdorfs zu Butter, Sauermilchprodukten und vor allem zu Käse verarbeitet. Mehrere Sorten wie den beliebten und würzigen Enger Bergkäse kann man vor Ort im Bauernladen probieren und natürlich auch kaufen. Vormittags kann man dem Käser bei der Arbeit zuschauen. Natürlich gehört zum Besuch des Tal auch eine Einkehr im Gasthof, wo alpenländische Klassiker auf der Karte stehen – darunter Käsespezialitäten wie Backkäse, Kasspatzen oder Kaskrainer.

Wer ein paar Kalorien verbrennen möchte, bevor es ans Schlemmen geht, wählt nach Zeitbudget und Konditionslevel eine der zahlreichen Wanderungen. Das Spektrum reicht von kurz und einfach bis lang und anspruchsvoll. Eine Familientour führt in

Prächtiger Bergahorn

den Enger Grund, wo sich manchmal Gämsen blicken lassen. Ein Klassiker ist der Panoramaweg über die Binsalm, der nach rund 2,5 Stunden wieder im Tal endet. Er ist ab dem Gasthaus im Almdorf ausgeschildert und führt zunächst stetig bergauf mit grandiosem Ausblick aufs Karwendel. Dann weiter auf bequemem Weg am Hang entlang und schließlich leicht bergab zur Binsalm, einem Berggasthaus mit großer Sonnenterrasse. Zurück ins Tal führt ein bequemer Forstweg.

Wunderschöne Kulisse

Auf dem Panoramaweg

Info

Lage: Das Engtal im österreichischen Tirol liegt etwa 40 Kilometer südlich von Lenggries und 15 Kilometer von Rißbach an der österreichisch-deutschen Grenze entfernt. Die Straße ins Engtal ist mautpflichtig und nur von Mai bis November geöffnet.

Aktivität:

- Wanderung: Der Weg ist geteert und mit Kinderwagen oder Rollstuhl befahrbar.
- Engalm: Im Sommerhalbjahr ist die Engalm samt Gasthof und Bauernladen durchgehend geöffnet. Vormittags können Besucher dem Käser bei seiner Arbeit zuzuschauen.

Einkehr:

- Rasthütte in der Eng Alm: Eng Nr. 11, A-6215 Hinterriß, *engalm.at*
- Binsalm: 40 Minuten Aufstieg über einen Forstweg vom Tal aus; außerdem über den Panoramaweg erreichbar; Hinterriß-Binsalm 1, A-6215 Hinterriß-Binsalm, *binsalm.at*

Benediktenwand im Tölzer Land

Das kleine Wörterbuch

FÜR DAS VORALPENLAND

A

abbusseln – abküssen
abfretten – sich plagen, sich mühen
Adabei – Wichtigtuer
a Hoibe – ein halber Liter Bier
An Guadn! – guten Appetit!

B

Blaukraut – Rotkohl
bumperlgsund – kerngesund

D

Do legst di nieda! – nicht zu glauben!

F

Fisimatenten – Unfug, Faxen, Blödsinn

G

Griaß di God – Guten Tag
gspinnert – verrückt, närrisch, exzentrisch, ausgefallen
Gspusi – (heimliche) Liebschaft
Gutti, Guadl, Guatl – kleine Belohnung, meist eine Süßigkeit

H

Haferl – große Kaffeetasse ohne Unterteller
Haferlgucker – ein Topfgucker
Haxen: sich koan Haxen ausreißen – sich nicht besonders anstrengen
Hudeln – schnell, aber nicht sorgfältig arbeiten

J

Ja mei – Ausruf des Desinteresses oder des Erstaunens (je nach Betonung)

K

Kracherl – Limo

M

Mia wurscht! – das ist mir egal

O

Oachkatzlschwoaf – Zungenbrecher-Test für Zugereiste. Gemeint ist der Schwanz eines Eichhörnchens.

P

Pfiat di God – auf Wiedersehen

Straußwertschaft – Haus

S

Schwammerl – Pilze

Servus – Hallo, Tschüss

Spezl – Freund, Kumpel

V

Verratzt – aufgeschmissen, am Ende

Register

Bauerngarten im Museumsdorf Gleinleiten

Register

O

P

R

B

T

V

W

Z

Wichtige Hinweise zur Sicherheit

Wir möchten Sie darauf aufmerksam machen, dass bei der Nutzung dieses Reiseführers bestimmte Risiken bestehen können, die im Zusammenhang mit den beschriebenen Aktivitäten und Attraktionen stehen. Bitte beachten Sie daher die folgenden Hinweise:

- **Umgang mit diesem Buch:** Beim Blättern können scharfkantige Papierbögen kleine Schnittverletzungen verursachen. Seien Sie vorsichtig.
- **Outdoor-Aktivitäten:** Wanderungen und Radtouren bergen Sturz- und Unfallgefahren. Prüfen Sie vor Ihrem Aufbruch den aktuellen Wetterbericht, da Wege bei Nässe schnell rutschig werden können.
- **Attraktionen und Sehenswürdigkeiten:** Befolgen Sie stets die Sicherheits- und Warnhinweise sowie Anweisungen der Betreiber vor Ort, um Gefahren zu vermeiden.
- **Aktualität der Informationen:** Die Angaben in diesem Buch wurden sorgfältig zusammengestellt, können jedoch Änderungen unterliegen. Überprüfen Sie Öffnungszeiten, Routenbeschreibungen und andere relevante Informationen vorab.
- **Unzureichende Vorbereitung:** Die Beschreibungen im Reiseführer dienen als Grundlage, ersetzen aber nicht eine gründliche Vorbereitung. Informieren Sie sich zusätzlich zu Schwierigkeitsgraden, Routen und notwendiger Ausrüstung.
- **Umwelt- und Tierschutz:** Nehmen Sie Rücksicht auf die Natur und vermeiden Sie Verhaltensweisen, die Flora und Fauna schädigen könnten. Begegnungen mit Wildtieren können potenziell gefährlich sein.
- **Überfüllung und Infrastruktur:** Beliebte Attraktionen können stark frequentiert sein, was Gedränge und Einschränkungen bei Sicherheitsmaßnahmen mit sich bringen kann. Planen Sie entsprechend.
- **Eigenverantwortung bei Empfehlungen:** Die im Buch enthaltenen Tipps und Empfehlungen garantieren keine absolute Sicherheit oder Eignung. Prüfen Sie vor Ort die Bedingungen und entscheiden Sie nach eigener Einschätzung.

Sollten Sie darüber hinaus potenzielle Gefahren feststellen, Beschwerden zur Produktsicherheit haben oder sollte es zu Unfällen oder Verletzungen in Zusammenhang mit unseren Produkten kommen, nehmen Sie bitte Kontakt mit uns auf.

Ansprechperson: Andreas Walter, Tel.: +49 (0)2104 5063-104
E-Mail: produktsicherheit@360grad-medien.de

Bildnachweis:

Alle Bilder von Elke Homburg, außer Adobe/Cinematographer S. 158 | Adobe/Peter Widmann Cover | Andreas Praefcke, CC BY 3.0 S. 168/169 | Allie Caulfield S. 18u | Bbb CC BY-SA 1.0 S. 210 | Berggfex CC BY-SA 3.0 S. 16o | Bjs CC0S. 15u | Cmcmcm1 CC BY-SA 4.0 S. 18o | Destillerie Slyrs S. 216, 218/219 | Dguendel CC BY 4.0 S. 117 | Ellie Caulfield CC By 2.0 S. 185o | Felix Mittermeier pixabay S. 19u | Georg Langbehn pixabay S. 19o | GFreihalter, CC BY-SA 3.0 S. 51 | Kajebi II CC BY-SA 4.0 S. 83 | Karten – Mapcreator.io, OSM.org, ©DLR, ©Airbus Defense and Space, ©Copernicus S. 22, 23, 25, 63, 107, 171, 215 | Kobako CC BY-SA 2.5 S. 20u | Llez CC BY-SA 3.0 S. 203 | Marcel Kessler pixabay S. 15o | Markus Gmeiner S. 217 | Papierfabrik Gmund S. 218-241 | Pe-sa CC BY-SA 3.0 S. 20o | Reinhold Moeller CC BY-SA 4.0 S. 17, 114 | rs-foto CC BY 2.0 S. 202 | Shakespr98 CC BY-SA 3.0 S. 205u | Slyrs S. 216-219 | swikimediaimages pixabay S. 16u | ThomasB pixabay S. 153 | Tim Mrzyglod pixabay S. 14 | Timo Klostermeier CC BY 2.0 S. 21 | Tobias Haemmer pixabay S. 119